数字赋能全民健身公共服务体系

阎朝兵　郑　婷　著

上海交通大学出版社
SHANGHAI JIAO TONG UNIVERSITY PRESS

内容提要

本书聚焦于全民健身公共服务的数字化转型这一核心议题,深入探讨了数智体育的独特属性与广泛应用场景,提出了一系列创新策略与实施路径,以期构建完善的数字化全民健身公共服务体系。书中首先对数智体育的本质特性及其在提升全民健身服务质量与效率方面的实际应用进行了详尽解读,系统介绍了由政策指导、技术支持、资源整合及用户体验等多维度构成的数字化服务体系,并通过分析国内外成功案例,针对性地提出了具体的改革方案与实践指南。本书适合公共管理、体育科学领域的专业人士及对数字化转型感兴趣的读者,也为政府决策者和关注健康生活方式的公众提供实用参考。

图书在版编目(CIP)数据

数字赋能全民健身公共服务体系/阎朝兵,郑婷著.
上海:上海交通大学出版社,2024.6.—ISBN 978-7
-313-30928-0

Ⅰ.G812.4-39

中国国家版本馆 CIP 数据核字第 2024PF5424 号

数字赋能全民健身公共服务体系
SHUZI FUNENG QUANMIN JIANSHEN GONGGONG FUWU TIXI

著　　者:阎朝兵　郑　婷
出版发行:上海交通大学出版社　　　　地　　址:上海市番禺路 951 号
邮政编码:200030　　　　　　　　　　电　　话:021-64071208
印　　制:上海万卷印刷股份有限公司　经　　销:全国新华书店
开　　本:710mm×1000mm　1/16　　印　　张:11.5
字　　数:206 千字
版　　次:2024 年 6 月第 1 版　　　　　印　　次:2024 年 6 月第 1 次印刷
书　　号:ISBN 978-7-313-30928-0
定　　价:88.00 元

前　言

在体育产业与信息产业融合发展背景下,全民健身公共服务的样态呈现出显著的数字化特征,作为数字化 2.0 的升级形态,数字赋能全民健身公共服务体系是最近几年来学术界、产业界、政府以及运动参与者所共同关注的问题,也是构建更高水平全民健身公共服务体系的重要内容,本书正是对这一变革的深入研究和全面总结。

全民健身公共服务体系是围绕着全民健身各类资源在空间内的布局、配置与使用而运行的,资源是全民健身的核心载体。本书将全民健身各类型资源及要素所组成的形态视作一个空间,认为数字技术是促进空间中多要素流动的催化剂,建设全民健身资源区域共建共享空间能够促进各类型资源在空间中的快速流动。对全民健身资源空间进行优化已经成为推进我国全民健身高质量发展过程中所亟待解决的课题。但是,应该怎样搭建与维护数字化的全民健身资源共建共享空间,学术界和产业界还没有较为成熟的经验和案例。针对这个问题,本书首先分析了更高水平全民健身公共服务建设目标内涵,其次对全民健身各类型资源促进居民生活质量提升的作用机制进行探究,最后搭建全民健身资源数字化共建共享空间模型,以期探寻数字化的更高水平全民健身公共服务体系的构建方法和路径。

为此,本书以空间地理学、系统学、协同学等理论作为研究基础,主要使用了文献法、问卷法、数据追踪法、内容分析法、数理统计法、社会网络分析法、个案分析法等研究方法,分析了狭义层面的全民健身公共服务体系建设经验,并重点就广义层面的全民健身资源数字化共建共享空间中的要素、网络结构与层次进行分析,尝试搭建了全民健身资源数字化共建共享空间模型,并探索性地选取了典型地区的建设经验作为个案进行研究,从而为加速全民健身各类型资源在空间中的流动提供理论与实践参考。

在全民健身与关联产业融合发展的大背景下,特别是新一代信息技术的发展对创新全民健身公共服务方式带来了诸多新挑战和新机遇,构建更加高效的全民健身资源数字化共建共享空间是促进更高水平构建全民健身公共服务体系的方案之一。然而,搭建全民健身资源数字化共建共享空间是一项系统而复杂的工程,资源的数字化整理、网络资源分享平台制作、资源数字化共享等,只是全民健身资源数字化共建共享空间建设的基本环节。怎样提高搭建效率和使用效率,并最终能够产生更多的社会效益和经济效益,这样的问题才是需要重点被关注的。

从狭义层面来看,全民健身资源数字化共建共享空间主要分为两种类型。第一种是以体育设施资源信息、社会体育指导员信息、赛事信息、体育培训、专项资金等为主的数字化共建共享空间,这一类任务是以全民健身资源数字化乃至数智化建设为核心与重点的,它涉及全民健身活动组织和开展的各个方面。第二种是辅助类型的全民健身资源数字化共建共享空间,这一类任务虽然不是以传播全民健身资源相关信息为目的进行建设的,但是能够在全民健身相关活动中发挥重要作用,例如体育产业数字化转型对全民健身的推动作用等。因此,在进行全民健身资源数字化共建共享空间建设过程中,要重点搭建以共建共享型的全民健身资源信息为主的平台,另外也要注重多样性构建,充分挖掘全民健身关联产业数字化对全民健身资源数字化共建共享空间的辅助效能。

研究发现,全民健身资源数字化共建共享空间主要包括政策实施空间、运动参与空间、关联产业空间、数字媒介空间、资源配置空间5个子系统,5个子系统又可以分为战略规划层、健身活动层、资源布局层3个层级,这3个层级之间的关系是从高到低的,其中战略规划层的层级是最高的。战略规划层能够包含健身活动层的全部内容,健身活动层能够包含资源布局层的全部内容。

但是,因人力、物力等因素的限制,本书的研究成果并不能充分解释数字赋能全民健身公共服务体系各个子系统运行的全部问题。数字赋能全民健身研究在国内外仍处于探索阶段,国际上没有公认的建设标准和体系,难以确定典型的案例研究对象;能够收集到的资料有限,容易出现误删或遗漏的情况。因此,全民健身公共服务数字化空间的观测变量仍然有补充和调整的空间。

本书作者长期致力于全民健身和数字体育领域的研究,尝试以独特的视角和敏锐的洞察力,揭示数字体育在构建更高水平全民健身公共服务体系中的巨大潜力。通过阅读本书,读者将能够深入了解数字体育的核心理念、技术应用和发展趋势,从而更好地把握这一领域的未来发展方向。希望本书能为推动全民健身公共服务体系的创新与发展发挥重要的作用,共同见证数字化发展在构建更高水平全民健身公共服务体系中的卓越贡献。

阎朝兵

目 录

第一章 更高水平全民健身公共服务体系解析..............001

第一节 全民健身公共服务体系的基础理论框架..............001

第二节 更高水平全民健身公共服务体系目标内涵..............004

第二章 全民健身公共服务对提升生活质量的影响..............008

第一节 全民健身公共服务资源特征及其作用机制..............008

第二节 全民健身公共服务对生活质量的整体影响评价..............032

第三节 提高居民运动参与率的策略与建议..............033

第三章 全民健身资源数字化服务平台用户满意度分析..............041

第一节 数字化服务背景下全民健身资源概览..............041

第二节 数字化服务平台形态指标与用户满意度测量方法..............043

第四章 全民健身资源数字化共建共享空间的研究..............057

第一节 数字赋能全民健身资源信息共建共享的背景..............058

第二节 现阶段全民健身资源的空间分布与数字化转型现状..............063

第三节 全民健身及相关产业融合发展探索..............074

第四节 全民健身资源数字化共建共享空间的系统性分析..............076

第五节 案例分析：SH市全民健身资源数字化共建共享实践..............132

第五章 数字技术在全民健身资源整合中的应用..............142

第一节 基于县域的全民健身资源物联网空间建设..............142

第二节 全民健身资源数字化共建共享平台的设计方案..............148

附录 154

附录1 关于全民健身公共服务对提升生活质量的访谈提纲 154
附录2 关于使用全民健身数字化服务平台的满意度调查问卷 159
附录3 关于全民健身资源数字化共建共享空间的调查问卷 165

参考文献 169

索引 178

第一章

更高水平全民健身公共服务体系解析

随着我国经济社会的持续发展和人民生活水平的显著提升,全民健身已成为国家战略的重要组成部分。健康不仅是个人幸福和社会和谐的基础,更是国家繁荣与进步的关键支撑。构建一个更高水平的全民健身公共服务体系,不仅关乎个体的身体健康和心理健康,更是推动全民健康、建设体育强国的核心任务。近年来,政府出台了一系列政策文件,强调要丰富体育公共服务资源,实施全民健身战略,提供更充足的全民健身公共服务资源、更实惠的价格、更多样的服务形式。然而,在实际推进过程中,如何科学合理地配置全民健身资源,优化服务体系结构,依然是亟待解决的重要课题。

本章旨在深入探讨更高水平全民健身公共服务体系的基础理论框架及其发展目标,为资源空间配置、升级与布局提供理论参考;分析全民健身资源配置与布局的影响因素及动力机制,梳理服务体系结构的发展趋势,并研究服务体系功能布局;探讨关联产业对全民健身公共服务体系发展的驱动作用,以及实现更高水平全民健身公共服务体系的具体目标与路径。通过系统性研究,揭示当前体系建设中存在的问题与不足,并提出相应的改进建议,以推动全民健身事业向更高水平发展。

第一节 全民健身公共服务体系的基础理论框架

"全民健身"自 2014 年 10 月国务院下发《关于加快发展体育产业促进体育消费的若干意见》(国发〔2014〕46 号)被明确为国家战略以来,顶层设计的重点始终围绕着破解群众"健身去哪儿"难题而推进。通过实施全民健身"六个身边工程""雪炭工程""补短板工程""五个一工程""点亮工程"等系列组合拳,我国公共体育设施、体育社会组织、社会体育指导员等资源初具规模。其中,体育场地从 2013 年总量 170 万个、人均面积 1.57 平方米(第六次全国体育场地普查数据公报,2014),发展到 2021 年总量 397.14 万个、人均面积 2.41 平方米的规模(国家统计局,2022)。按照规划部署,到2025年我国将基本建成统筹城乡、公平可及、服务便利、运行高效、保障有力的更高水平的全民健身公共服务体系,实现人均体育场地面积2.6平方米,经常参加体育锻炼人数比例达到38.5%等目标。为此国家将重点支持体育公园、全民健身中心(小型体育综合体)、公共体育场、社会足球场、健身步道、户外运动公共服务设施等6类资源的建设与改造。

一、资源配置与布局影响因素及动力机制

健身资源是全民健身公共服务的重要载体,具有基础性和公益性特征。狭义上,全民健身资源是指满足人们健身和运动休闲需求的公共体育设施、赛事活动、健身指导等产品和服务,主要包括了体育场地设施、体育组织、体质监测、体育指导、体育活动、体育信息、资金、法规政策、管理职能、供给主体;广义上,是指用于支撑全民健身公共服务的人力、物力和财力的总和。公共体育设施是全民健身资源配置空间中的核心要素,错综复杂的人流、物流、信息流、资金流、技术流、赛事流、交通流使各类资源之间建立联系。体育设施质量、附属体育设施质量、全民健身公共服务质量、健身环境质量、群众健身服务人员质量是评价全民健身公共服务的主要指标。王先亮等(2022)发现基层体育社团的聚集效应愈发明显,且呈非线性特征,建议同步推进基层体育社团建设。

发达国家全民健身资源建设起步早,欧美、日本、韩国等发达国家与地区人均体育场地面积普遍达到10平方米以上。在我国,政府是提供基本公共服务资源的主体,社会力量被作为非基本公共服务资源的补充,以满足人民多层次、多样化健身需求。"十三五"以来,国家及地方政府在补充公共体育设施短板、加强体育社会组织建设、壮大社会体育指导员队伍、开展形式多样的大众赛事活动、营造全民健身文化氛围等多个方面精准发力,我国全民健身资源的普及性、均衡性、可及性与开放性得到提升。部分发展较快城市正由"15分钟健身圈"向"10分钟健身圈",甚至"5分钟健身圈"升级。我国全民健身资源呈现总量持续增长、配置能力明显提升、体系不断完善的现实特征,但也面临转型过程中供给能力与实际需求发展不匹配、资源信息不对称、管理运行不完善、服务资源配置不透明等困境。

二、服务体系结构发展态势

全民健身公共服务体系是随人、财、物等多要素在全民健身空间流动和堆积而逐渐演化形成的,这给推断全民健身公共服务体系结构带来了困难。全民健身与体育设施的通达性是社区之间建立健身资源网络的关键点,也是增长点,公

共体育设施具有显著的空间集聚趋势,地区级设施表现为"点状集聚、面状分散"趋势,街区级总体呈现出"核心-边缘"式特征。全民健身公共服务体系呈现由体育生活圈、基础体育生活圈、机会体育生活圈所组成的圈层结构。

全民健身资源碎片化供给生成了以城市为中心、由城市向农村不断扩散的"城乡差序格局",构建多元协同的治理模式成为提升全民健身公共服务效能的重要路径。应从政策协同、资源统筹、链接新业态、市场协同4个方面破解全民健身资源共建共享共治困境。在协同影响程度上,合作态度>市场成熟度>合作能力>政策法规>组织信任>公众参与>信息沟通。供求互通机制不健全、地域信息资源禀赋差异性、数字治理制度不完善、智慧治理模式有待激活、跨部门信息流动受阻等现实困境,影响了全民健身资源的共建共享共治。

现代信息技术发展、产业结构优化、区域协同发展、跨领域融合发展等为更高水平构建全民健身公共服务网络带来机遇。因地制宜补短板,培育优势资源,有效发挥节点的纽带作用,增强资源在网络中的流动与互补,是构建与优化全民健身公共服务体系结构的重要路径。近年来复杂网络分析方法的广泛应用,为诠释全民健身公共服务体系网络结构复杂性提供了新思路和新工具,能够更加直观地反映出子系统协同发展的整体概貌。

三、服务体系功能布局需求

全民健身公共服务体系功能布局是整合社会资源,统筹、组织、协调、配置各种公共资源的过程,应以多元功能发挥为基点,体现空间正义,维护好地区间、区域间、城镇间不同人群体育健身的合法权利与利益,以构筑生态宜居的社区环境为目标开展布局工作。我国幅员辽阔,东西部地区甚至一个省的不同区域之间的自然资源、经济与社会条件存在差异性,城镇空间失衡制约全民健身资源有效开发,导致我国全民健身资源分布区域之间的不均衡。早在1986年,中华人民共和国体育运动委员会、城乡建设环境保护部就针对不同的城市规模对各种体育设施的规划标准、观众规模、用地面积、人均面积等指标做出了具体的规定。但以行政区划配置的模式致使健身资源供给与人口总量、结构和流动趋势适应性不强,区域之间、城乡之间、城市之间的全民健身资源配置空间发展水平差异性较大。2022年,中共中央办公厅、国务院办公厅发文传递按人口要素统筹资源布局的理念,针对不同规模的城市,提出因地制宜的全民健身发展路径,我国全民健身功能布局向更亲民、更便利、更普及、更智慧方向转型升级。

城市规模和其城市位序成对数线性关系,城市的某种随机增长可以充分解释Zipf规律。城市群体育产业分异格局有助于城市间的协同发展,而全民健身公共服务在区域间的布局可以提升城市群相关体育产业分异的"质",并能直接影响城市群内部的协同。全民健身公共服务体系功能布局涉及城市以及城市群建设与规划的方方面面,而城市发展空间格局是基于国家资源环境空间格局、经济社会发展空间格局和生态安全空间格局,在国土空间上形成的等级规模有序、职能分工合理、辐射带动作用明显的城市空间配置形态及特定秩序,因此,全民健身资源布局除了要考虑各城市、城乡间发展空间水平,还要充分发挥其在城市群网络、区域群网络中的功能定位进行统筹。

第二节 更高水平全民健身公共服务体系目标内涵

一、关联产业驱动机制探究

近年来人们日益增长的对更高质量体育健身的需求与更高水平公共服务供给能力相对不足的矛盾依然突出,传统的政府单一供给或"碎片化"购买的供给模式在实践中表现出一定的滞后性和低效性,现实困境倒逼政府进行机制创新。2022年3月23日,中共中央办公厅、国务院办公厅印发了《关于构建更高水平的全民健身公共服务体系的意见》,提出构建更高水平的全民健身公共服务体系,体育公共服务体系的体育设施资源配置空间是我国全民健身公共服务体系的核心系统之一。如何根据各地区自身地理、经济、体育、文化等特色优势,结合我国乡村振兴、城镇化等战略规划,运用产业共生理论优化关联产业布局,促进产业共生融合,实现体育产业提质增效,最终实现各地区体育公共服务体系的更高水平的构建,是推进各地区全民健身公共服务体系实现普及化、精准化、生态化、规模化高质量发展的重要路径。

国外关于体育公共服务体系研究起步比较早,所取得的成果对我国体育公共服务体系构建研究具有重要的启示与借鉴意义。国外学界对体育公共服务的研究主要集中在以下几个方面:其一,体育公共服务的功能研究。有国外学者提出通过修建体育场馆、举办体育赛事或活动,能增加地方税收,创造就业机会,促进地方经济增长,带动关联产业的发展。其二,体育公共服务体系的构建机制研究。相关研究对体育公共服务体系的构建进行了全面探讨,涵盖了地理区位、社会经济发展水平以及体育公共服务产品等关键因素。这些研究表明,地区体育产业的资源优势极大地巩固了体育公共服务体系的发展基础;同时,通过构建体育服务产业集群体系,有效地推动了体育公共服务体系的进一步发展。此外,科技创新的不断推进赋予了体育公共服务体系持续发展的动力,确保了其在满足公众需求和促进社会进步方面的长远效能。其三,体育公共服务的规划、建设与产业投资研究。例如国外有专家认为,关注和全面了解当地文化对于体育公共服务规划极其重要,税收政策和融资政策是体育公共服务进行社会融资的重要驱动。

我国学者对体育公共服务体系的研究主要集中在以下几个方面:其一,体育公共服务体系的目标内涵研究。研究涉及体育公共服务体系的内涵、功能、驱动机制等。其二,体育公共服务体系的构建路径研究。这部分的研究有两个特点。第一,文献数量多,大都以定性研究为主,基本上采取现状描述→问题罗列→对策建议的研究范式;问题研究的切入点虽多,但系统性的定量分析评价较为缺乏,成果贡献率不高。第二,针对镇、乡村场域的体育公共服务体系构建研究聚焦与关联产业发展问题较多。有学者认为,我国农村体育公共服务体系要进一步加强空间、产业及规划等方面的探索,我国农村体育公共服务体系存在发展模式同质化或过度依赖于政府供给等问题,要推进农村体育公共服务体系发展,需促进农村体育公共服务体系各关联产业的协同发展,突出多元协同,使农村体育公共服务体系所涉及的多产业融合发展。同时,文体旅业态浅层相加,"合"而不"融",旅游景区人均消费少、停留时间短、重游率较低,文化、体育、旅游产业相互带动作用不均衡等因素,也制约了农村体育公共服务体系的发展。其三,基于国外经验与国内现实对比为主题的研究。主要对农村体育公共服务体系运行机制、配套支撑体系建设、政策环境、市场运作、资源培植等方面的相关理论和成功做法进行介绍和总结。

纵观国内外体育公共服务体系的理论与实践研究,学者们研究范围广,切入角度较多,成果丰富,特别是近年来体育产业发展失衡导致体育公共服务体系发展后劲不足、质量不高的问题受到学者们的重点关注。这些研究成果对构建更高水平全民健身公共服务体系具有重要的启示与借鉴意义,同时也凸显出当前仍有两方面的问题亟待解决:第一,基于全民健身公共服务的理论基础较为充实,但就"何为高水平供给?怎样高水平构建体系?构建成何种程度?"等方面的研究仍较薄弱。对全民健身公共服务体系高水平构建的目标内涵、运行机制、发展模式等理论探讨较少,且较多局限于城市体育公共服务体系的范围,围绕农村或欠发达地区的体育公共服务的理论研究较少。第二,鲜有产业共生视角的系统研究。现行研究多以调研、定性描述问题为主,研究成果较为零散、缺乏系统性。对山区或农村体育公共服务关联产业构成、作用关系、运行机理、演化机制方面的理论研究较为欠缺,鲜少采用经济学的定量分析方法辅助剖析农村或欠发达体育公共服务体系高质量构建的实际问题。

二、目标设定及其机理分析

根据党中央、国务院对大中城市作出的"坚持以人民为中心,贯彻新发展理念,以增强人民体质、提高全民健康水平为根本目的,深入实施全民健身国家战略,全面推进健康中国建设,进一步发挥政府作用,激发社会力量积极性,优化资源布局,扩大服务供给,构建统筹城乡、公平可及、服务便利、运行高效、保障有力的更高水平的全民健身公共服务体系"的战略要求,结合对我国全民健身公共服务体系中资源布局现状调研,参考国内外案例与经验,笔者认为更高水平全民健身公共服务空间的样态应实现:第一,资源多点均衡布局,根据城市发展水平和居民健身需求,适切分配增量、调整存量,填补健身资源薄弱区,有序升级资源聚集区;第二,构建多元供给网络,拓宽"政府主导+社会力量积极参与"的全民健身公共服务多元供给渠道,促进各类要素在健身资源配置空间网络中的合理流动和高效集聚;第三,满足多样健身需求,提升城市全民健身公共服务承载力,增强不同资源类型空间的功能弹性,由内及外协同打造现代时尚健身服务供给体系。

基于此,本研究依据空间结构理论、空间相互作用理论、空间均衡发展理论,对更高水平全民健身公共服务空间目标内涵进行初步界定,如图1-1所示。

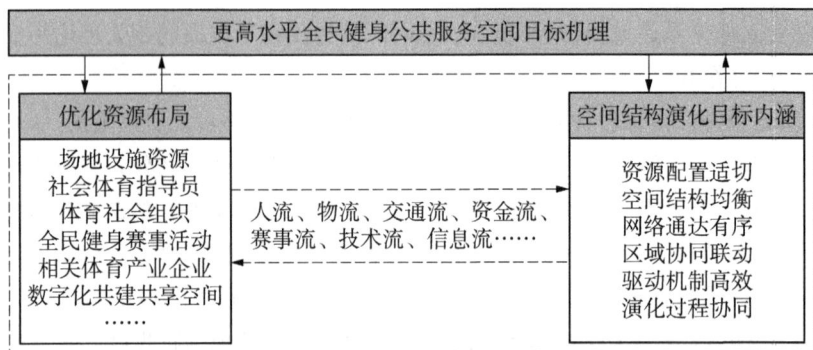

图1-1 更高水平全民健身公共服务空间目标机理框架

第一,按照人口要素配置健身资源,资源配置类型和规模能够满足本地区居民均等化、可及化、便利化健身需求。第二,健身资源配置标准适切,功能空间定位准确,能够满足周边群众多样化、品质化的健身需求。第三,城市人流、物流、交通流、资金流、信息流等多要素通达、有序、高效,区域互动协同效能和效果显著。第四,按照全民健身公共服务体系中资源配置空间"点—线—面—流"景观变化规律,以突出重点、分工有序、节奏清晰的驱动方式推进空间结构演变成"资源配置适切、空间结构均衡、网络通达有序、区域协同联动、驱动机制高效、演化过程协同"结构。

第二章

全民健身公共服务对提升生活质量的影响

目前,健康生活方式逐渐成为大众关注的核心议题。全民健身作为提升全民健康水平的重要手段,不仅直接关系到个体的身体健康和心理健康,还在促进社会和谐与进步中发挥着不可替代的作用。尽管全民健身的重要性已被广泛认知,但实际参与度仍有待提高,公共体育资源分布不均、服务质量参差不齐等问题依然存在。然而,养成规律性的体育锻炼习惯,不仅能增强体质,还能有效降低慢性疾病的发生风险,改善心理状态,提高生活满意度。

基于第一章对更高水平全民健身公共服务体系的解析,本章将继续深入探讨全民健身公共服务如何具体影响居民的生活质量,尝试提出优化服务的实际路径。首先,详细评估公共体育资源的分布情况及其使用效率,分析其对居民生活质量的作用机理。其次,通过体验度调查结果与分析、体验效应调查报告、运动参与驱动因素分析以及生活质量满意度评估,全面了解不同类型全民健身服务对居民健康和生活质量的具体影响。此外,还将对全民健身公共服务的整体影响进行评价,并提出提高居民运动参与率的策略与建议。

第一节　全民健身公共服务资源特征及其作用机制

公共服务是以提供各种有形和无形活动为载体,进而促进公共利益最大化为目标。基于公共产品理论,公共服务被视为政府为满足社会需求而向辖区居民提供公共产品的服务行为的总称。公共服务理论认为现代国家的公共服务功能是基于社会契约公共概念的公共活动。早在 1912 年,法国学者 Leon Duguit 就在《公法的变迁》一书中提出了公共服务理论。本研究从公共法学的角度阐述了它的具体含义,即:任何与实现和促进社会稳定与团结密不可分的活动都必须由政府干预来规范和保障,这是一种公共服务,同时认为公共服务是政府为公共利益提供的公共服务的总和。

随着信息科技的发展,世界各国政府都在寻求利用信息技术来提高公共服务质量,同时也鼓励更多的公民参与其中。通过互联网提供的公共服务有可能通过提高对现有服务的认识,并将这些服务与需要它们的人相匹配来提高社会福利的质量。这表明了基于互联网的服务技术有助于扩大公共服务的服务广度。

狭义层面,全民健身资源由体育场地设施、体育组织、体质监测、体育指导、体育活动、体育信息、资金、法规政策、管理职能、供给主体等 10 个要素组成。全民健身资源可以由地方或国家政府或机构提供,也可以由政府通过购买私营体育产业公司产品的方式供给。全民健身公共服务可能涉及的产出很难归因于具体的单个个体的努力,也很难从质量等关键特征来衡量。在社会基本全民健身公共服务领域,政府处于绝对主导地位,在准体育公共服务方面,政府处于核心主导地位。

目前,我国全民健身资源配置与布局仍存在数量不足、结构不平衡、提供方式单一、运行机制不健全等问题,应坚持"政府主导、市场配置、社区参与、公共利益"的原则,从"建立健全我国全民健身基本公共服务均等化战略规划,完善公共服务财政体制改革,建立健全全民健身公共服务绩效评价体系,建立与引导多元参与的公共服务产品供给机制,建立健全基本体育公共服务法律体系"这 5 个方面层层推进。

根据全民健身资源类型,我们将全民健身公共服务划分为 7 种类型,分别是:运动专项训练服务、体育设施服务、社会体育指导员服务、体育公共政策咨询服务、体育信息服务、体育组织服务、国民体质健康监测服务。同时从居民休闲满意度、体质健康满意度、工作状态满意度、家庭和睦满意度、社会支持满意度 5个方面对生活质量进行评价。

为了探寻全民健身公共服务与资源特征,本研究采用深度访谈法,对 20 名长期参加体育锻炼的居民(受访者必须在一个地方长期居住 5 年以上,每周至少锻炼 3 次,每次锻炼半小时以上,而且最近 3 个月有连续锻炼 3 个月及以上的运动经历)进行访谈。受访者的基本人口统计信息如下:

在接受采访的 20 名居民中,50% 为男性,50% 为女性。受访者的年龄从 23岁到 69 岁不等,平均年龄为 43.85 岁。受访者分为 5 个年龄组,分别为 20～29岁、30～39 岁、40～49 岁、50～59 岁和 60 岁及以上。每个年龄组分别有 4 人,各2 名男性和 2 名女性。其中,有 11 名受访者具有本科及以上学历。受访者中,绝大部分家庭的月平均收入处于 3 000～15 000 元水平。受访者包括学生、公务员、公司员工、私营业主和退休人员 5 种职业。受访者中,已婚者 16 人,未婚者 4人。本次调查将健康指标设为 3 个层次,即一般、良好和非常好,受访者中对自身健康状况评价为:"一般"1 人,"健康"18 人,"优秀"1 人。在被调查的受访者中,均表示有长期运动的习惯,每周 3~5 次,运动年龄从 1 年到 20 年不等。受访者基本情况见表 2-1 所示。

表 2-1 全民健身公共服务满意度调查受访者基本情况($n=20$)

序号	性别	年龄	教育经历	家庭月平均收入/元	职业	婚姻状况	健康状况	每周运动次数	单次运动时间/分钟	运动年龄/年
N1	男	29	本科	5 000~10 000	公务员	已婚	健康	3	90	5
N2	男	23	本科	≥15 000	学生	单身	优秀	5	120	7
N3	女	29	硕士	5 000~10 000	公务员	已婚	健康	3	60	2
N4	女	23	本科	10 000~15 000	公务员	单身	健康	3	120	5
N5	男	31	大专	≥15 000	私营业主	单身	健康	5	120	2
N6	男	30	本科	5 000~10 000	公务员	已婚	一般	3	60	1
N7	女	37	本科	5 000~10 000	公司员工	单身	健康	3	90	2
N8	女	36	大专	5 000~10 000	公司员工	已婚	健康	5	120	5
N9	男	41	硕士	5 000~10 000	公务员	已婚	健康	3	40	1
N10	男	41	硕士	5 000~10 000	公务员	已婚	健康	3	120	3
N11	女	41	硕士	10 000~15 000	公务员	已婚	健康	3	90	5
N12	女	45	高中	5 000~10 000	私营业主	已婚	健康	3	60	2
N13	男	51	大专	5 000~10 000	公司员工	已婚	健康	4	90	15
N14	男	56	高中	5 000~10 000	退休人员	已婚	健康	3	40	5
N15	女	53	大专	5 000~10 000	公司员工	已婚	健康	3	60	10
N16	女	52	本科	5 000~10 000	公务员	已婚	健康	5	60	10
N17	女	63	中专	3 000~5 000	退休人员	已婚	健康	5	30	20
N18	女	69	初中	3 000~5 000	退休人员	已婚	健康	5	60	20
N19	男	66	大专	5 000~10 000	退休人员	已婚	健康	5	120	20
N20	男	61	本科	10 000~15 000	公务员	已婚	健康	5	60	20

本研究在数据检索、观察和专家访谈的基础上,对全民健身公共服务、全民健身资源、生活质量等相关概念进行界定,并设计了深度访谈提纲。通过访谈稿的设计,对相关概念的目标内涵进行揭示,列出居民对全民健身公共服务评价所重点关注的问题,并对更高水平的全民健身公共服务体系与促进居民生活质量提升的相关性进行演示。

　　本章内容的研究步骤为：第一，经过三轮的专家建议，对访谈提纲所涉及的问题进行相应调整，增加或删除部分内容，并最终确定预调查访谈提纲的内容。第二，经过专家鉴定，选择 100 名符合条件的居民进行预调查，要求所选条件为参加体育活动的居民。使用 Net Miner 软件对预调查结果进行分析，从数据中提取关键词，对访谈所获得的关键词进行分类分析，有针对性地改进访谈问题，根据预调查结果确定正式访谈的提纲。第三，细化和确定正式访谈的问题。在正式访谈的问题确定后，拟选择 20 名居民进行正式深入访谈。要求被访谈人群在年龄和性别方面是平衡的，被选中的居民必须参加体育活动超过 3 个月，所涉及的职业应尽可能多样。访谈形式为开放式一对一深度访谈，让受访者根据自己的想法进行回答（每次约 40 分钟），记录和书写整个访谈内容以及访谈过程。第四，使用 NVivo11.0 软件对正式访谈数据进行分析。

　　为了保证本研究的真实性和可靠性，本测试中参与访谈的居民 75％来自同一个地区。正式访谈共设计了 12 个问题，其中包含 5 个主观题和 7 个客观题。数据分析发现，受访者答案基本属实，数据结果良好。

一、对居民生活质量的作用机理

　　本研究首先通过预调查确定正式调查提纲，预调查访谈的主要问题有四个：第一，全民健身公共服务体验的内容（居民体验了哪些全民健身公共服务）；第二，全民健身公共服务效应（全民健身公共服务对居民参与体育活动的影响）；第三，生活质量（被调查者的生活质量）；第四，全民健身公共服务与生活质量的关系。

　　图 2-1 是预调查测试中的关键词提取和分类，居民在其中回答有关全民健身公共服务体验的问题。

　　全民健身公共服务体验内容分类：体育协会组织服务（关键词：协会、组织、社区、政府、企业、活动、竞争、服务、程序）；全民健身运动专项训练服务（关键词：网球、乒乓球、足球、篮球、羽毛球）；全民健身公共体育设施（关键词：设备、球场、跑道、公园、场地、场馆、中心、设施）；社会体育指导员服务（关键词：指导、健身、游戏）；公共体育信息服务（关键词：知识、信息）；体育公共政策咨询服务（关键词：公众、朋友）；国民体质健康监测服务（关键词：健康）。

　　图 2-2 是预调查测试中的关键词提取和分类，居民在其中回答有关全民健身公共服务对其参与体育活动的影响的问题。

　　全民健身公共服务效应分类：体育协会组织服务（关键词：组织、团队、比赛、游戏、平台、资金）；全民健身运动专项训练服务（关键词：足球）；全民健身公共体

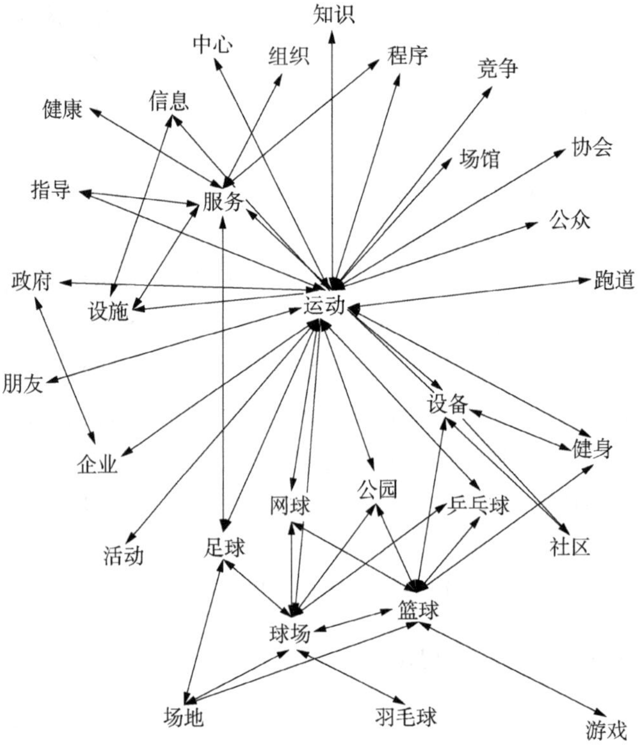

图2-1 全民健身公共服务体验内容的关键词提取与分类

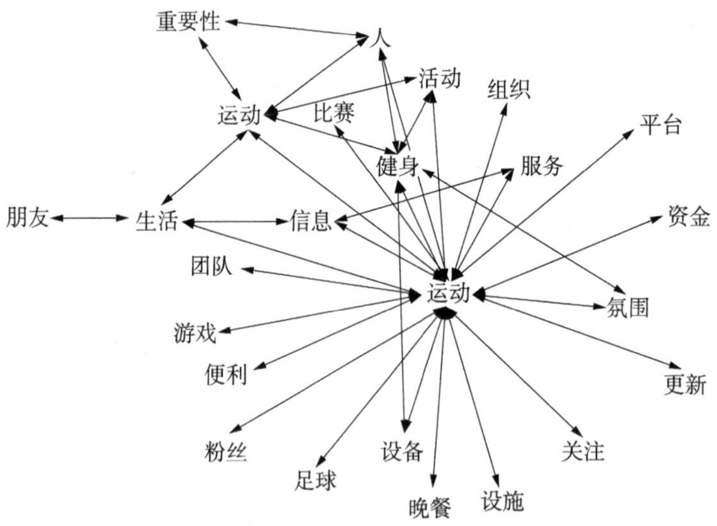

图2-2 全民健身公共服务效应的关键词提取与分类

育设施(关键词:设备、设施);社会体育指导员服务(关键词:运动、人、健身、重要性);公共体育信息服务(关键词:信息、便利、关注);体育公共政策咨询服务(关键词:氛围、更新、朋友、粉丝、晚餐);国民体质健康监测服务(关键词:生活)。

图2-3是预调查测试中的关键词提取和分类,居民在其中回答有关生活质量的问题。

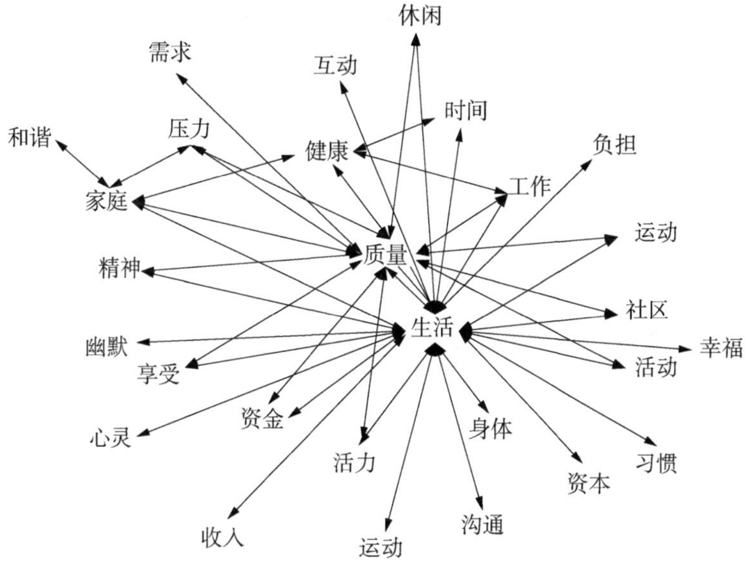

图2-3 生活质量的关键词提取与分类

生活质量分类:健康满意度(关键词:健康、精神、身体、锻炼、快乐、享受、幽默、心灵);休闲满意度(关键词:时间、休闲、习惯、活动、运动);工作状态满意度(关键词:工作、生活、资金、收入、需求、负担、质量);社会支持满意度(关键词:资本、社区、沟通、互动);家庭和睦满意度(关键词:和谐、家庭)。

图2-4是预调查测试中的关键词提取和分类,居民在其中回答有关全民健身公共服务对生活质量影响的问题。

全民健身公共服务和生活质量的关系分类:提升幸福感(关键词:快乐、狂热、成就、进步、幸福);健康改善(关键词:健康、身体、健身);优化体育环境的构建(关键词:组织、设施、场地、竞赛、活动、机会、供给者、锻炼、环境);丰富休闲生活(关键词:休闲、品质、频率、时间、压力、麻烦);社会支持积累(关键词:家庭、朋友、同事)。

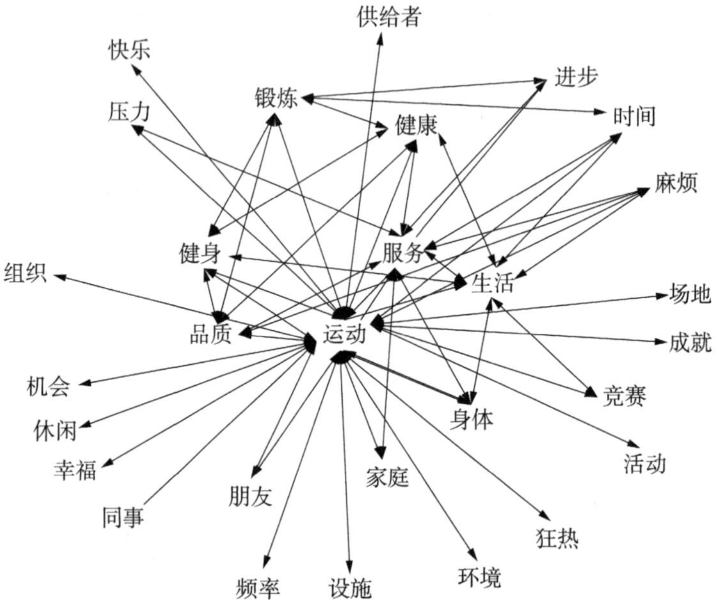

图 2-4　全民健身公共服务对生活质量影响的关键词提取与分类

通过对预调查测试结果的分析,对访谈中的四类主要问题进行了扩展和延伸。通过大量的文献调查研究,以及专家咨询,进一步确定了正式的访谈问题,详见表 2-2。

表 2-2　正式访谈提纲

主要问题	维度	子问题数量
关于全民健身公共服务体验的问题	体育协会组织提供的服务	3
	全民健身运动专项训练服务	3
	全民健身公共体育设施供给	3
	社会体育指导员提供的服务	3
	公共体育信息服务	3
	体育公共政策咨询服务	3
	国民体质健康监测服务	3
关于全民健身公共服务对居民运动参与的影响的问题	体育协会组织提供的服务	3
	全民健身运动专项训练服务	3
	全民健身公共体育设施供给	3
	社会体育指导员提供的服务	3

（续　表）

部分	维度	子问题数量
	公共体育信息服务	3
	体育公共政策咨询服务	3
	国民体质健康监测服务	3
关于生活质量满意度的问题	居民对自身健康的满意度	3
	居民对休闲的满意度	3
	居民对工作状态的满意度	3
	居民对体育带来的社会支持的满意度	3
	居民对自己家庭的满意度	3
关于全民健身公共服务对生活质量产生的影响的问题	提升幸福感	3
	改善健康	3
	优化体育环境	3
	丰富休闲生活	3
	积累社会支持	3
合计	24	72

　　本研究选择线上聊天采访的形式进行调查,具体为通过主动加入不同运动朋友圈、微信群等方式,获得一定数量的受访者。每天通过社交软件随机在线采访 2～3 人,每次采访时间超过 40 分钟。在每次访谈的过程中,访谈内容都会被全程记录下来。通过反复聆听访谈内容,发现访谈的观点基本饱和,重复观点较多。因此,采访被叫停。正式调查人数为 31 人,录音总时长为 26 小时 27 分钟。正式访谈的问题涉及全民健身公共服务体验、全民健身公共服务对居民运动参与的影响、生活质量满意度、全民健身公共服务对生活质量产生的影响功 4 类问题,详见附录 1。

　　通过对居民在公共体育场所活动情况的定期观察和记录,筛选出 31 名符合访谈条件的普通居民进行访谈。确保他们是经常参加体育运动的居民,每周至少锻炼 3 次,每次至少半小时,并且他们都在该城市居住了 5 年以上。最需要确认的是,他们是否是对体育公共服务有很大需求的居民。

　　从普通居民的角度了解全民健身公共服务的现状及其基本评价。通过开放式的采访,了解全民健身公共服务对他们生活质量的影响,以便收集采访所需的数据。这样的采访更贴近当地的氛围,更能了解基层群众对体育的需求,使采访内容更加真实。

在数据收集后,对 31 段录音进行了重复收听,并选择 20 段具有代表性的录音作为最终数据。为便于录音资料整理与统计,将 20 段录音转换为文本文件,使用表格形式进行整理建档,然后使用 NVivo 11.0 软件进行编码和分析。主要分析访谈问题的四个主要部分,即全民健身公共服务体验问题、全民健身公共服务对参与体育运动的影响问题、生活质量问题以及全民健身公共服务和生活质量的关系问题。共有 182 个编码节点和 1 784 个参考点。分别在节点层次图和节点统计表中对这四个部分进行了描述和分析。根据编码节点,对全民健身公共服务和运动参与以及生活质量的影响因素进行词义聚类分析。具体的分析结果如下。

二、体验度调查结果与分析

当受访者谈到全民健身公共服务的体验时,没有人体验过国民体质健康监测服务。当被问及原因时,一方面,是居民对该服务的需求尚未形成规模。受访者(N1)表示:"居民的体育锻炼意识还没有达到一定的高度,所以对这项服务没有迫切的需求。此外,政府相关部门对这项工作的重视程度也不够,居民没有收到过该项服务的通知。另一方面,是政府没有足够的预算和动力来开展这项公共服务。"受访者(N15)表示:"全民设施国民体质健康监测服务需要大量的资金作为支撑,这将给政府相关部门带来巨大的压力。"

在调查社会体育指导员服务时,有 18 名受访者表示没有体验过社会体育指导员提供的服务,这一比例占受访者总数的 90%。当被问及原因时,大部分受访者表示"自己不知道哪里能够获得此项服务,也不清楚哪些人是社会体育指导员"。有受访者(N12)认为:"政府相关部门较为重视社会体育指导员培训,但是后续服务与推广工作并没有得到重视,宣传还不足。此外该地区的社会体育指导员总量还偏少,较多的社会体育指导员是广场舞教练。"受访者(N2)还谈道:"这个行业的公共体育教练数量太少了。"另外,有 2 名受访者表示没有体验过体育公共政策咨询服务。受访者(N10)认为:"政府相关部门、社会企业或体育相关协会未能积极引导居民参与体育活动,举办的能让普通大众参加的全民健身体育赛事或活动仍然较少。导致这一现象的原因是缺乏宣传和政府未能积极提供引导。"

关于体育协会组织服务、运动专项训练服务、公共体育设施供给服务、公共体育信息服务,所有受访者都体验过。在体育协会组织服务方面,有 65% 的受访者表示有过参加官方活动的经历。在全民健身运动专项训练服务方面,参与跑步人数占比最高,达到 90%。在公共体育信息服务方面,有 90% 的受访者表示主要通过移动网络获取全民健身公共服务相关信息。从全民健身公共服务内容上看,有 60% 的受访者表示主要学习科学运动训练方法,有 55% 的受访者主要了解全民健身相关体育赛事信息。

通过使用 NVivo 11.0 软件对访谈录音数据进行处理,对结构化访谈获得的数据进行编码和分析,并使用两轮初级编码进行补充验证。此外,在对 2/3 数据的访谈记录进行编码时,没有建立新的节点,这表明数据内容已经收集并饱和。这部分的所有数据来自 20 份访谈记录、30 个编码节点和 208 个参考点。节点分为四个层次,第一层次是访谈中真实表达产生的代表性表达,第二层次是总结,第三层次和第四层次是分类总结。分类时存在部分重叠分类。编码节点见表 2-3。

表 2-3　全民健身公共服务体验度相关节点统计表

四级编码/ 三级编码	三级编码/ 二级编码	二级 编码	参考点 数量	一级编码(内容展示)
体育协会 组织服务	官方组织 活动	—	13	参加过官方组织的马拉松和羽毛球比赛;参加过健步走和广场舞等活动;这些活动是由官方组织的。
	非官方组 织活动	—	10	参加过由私营社团组织的舞蹈活动;参加过业余足球比赛。
全民健身 运动专项 训练服务	登山	—	12	参加过跑步和登山这两项运动;因为附近多山地,所以通常会和朋友一起去登山。
	广场舞	—	4	参加过羽毛球、跑步、广场舞、登山等运动。
	健身	—	3	通常参加跑步和健身活动。
	篮球	—	5	通常参加足球、篮球和跑步等运动。
	健步走	—	2	通常参加健步走、跳舞、爬山等运动。
	排球	—	1	参加过足球、羽毛球、游泳和排球等运动。
	跑步	—	18	有夜跑习惯,有时晚饭后会去跑步;通常下班后会去跑步。
	乒乓球	—	2	参加过乒乓球、跑步和其他运动。
	自行车	—	2	参加过足球、跑步、登山、游泳、自行车等运动。
	太极	—	1	参加过羽毛球、登山、广场舞、太极、跑步、篮球等运动。
	网球	—	1	经常在业余时间参加一些网球比赛和活动。

(续　表)

四级编码/ 三级编码	三级编码/ 二级编码	二级 编码	参考点 数量	一级编码(内容展示)
	游泳	—	3	游泳是一项很好的休闲性活动。
	羽毛球	—	8	有时会去一些羽毛球馆打球。
	足球	—	8	通常在周末和朋友一起踢足球或爬山。
全民健身 公共体育 设施	体育场馆	—	20	通常在公共塑胶跑道上跑步;偶尔会去一些公共球场打羽毛球;使用过一些公共体育场所,去过公园跑步和健身。
	健身器材	—	20	当去公园锻炼时会使用一些公共体育健身器材;有时会使用一些简单的公共体育健身设备。
社会体育 指导员 服务	体育设施 使用指南	—	2	主要进行简单体育专业知识宣传和基本的体育设施指导。
	运动专业 知识讲解	—	1	在参加各类体育比赛的时候,裁判员会提醒注意事项。
公共体育 信息服务	涵盖面	场地信息	3	比赛和赛事信息、场馆运营、健身方法等。
		健康饮食	5	与健康饮食和锻炼有关。
		体育赛事 信息	11	一些赛事活动的宣传信息;还收到了一些关于活动宣传、健身方法和健康饮食的信息。
		运动训练 方法	12	通过互联网搜索一些关于锻炼方法和健康饮食的信息;喜欢通过图示展示的方式查询如何正确地进行运动。
	渠道	场馆展示 信息	1	在不同体育赛事的场地周围,会有一些关于这项运动的运动方法的介绍。
		旁人获取	2	主要是通过经常运动的朋友获取。
		电视	1	从手机和电视上看到了健身技巧和体育赛事信息。
		社区公告	1	在住宅区会看到一些广告牌,上面有一些赛事宣传或健身的文字和图片。
		移动设备	18	有关公共体育赛事和运动方法的信息可以通过手机查询;通过手机关注一些体育部门的信息平台。
体育公共 政策咨询 服务	相关政策 和宣传	—	18	"全民健身"和"健康中国"等政策。当地经常组织"阳光体育"活动。

全民健身公共服务体验分为 7 个代码,即体育协会组织服务、全民健身运动专项训练服务、公共体育设施服务、社会体育指导员服务、公共体育信息服务、体育公共政策咨询服务和国民体质健康监测服务。其基本上包括了全民健身公共服务和信息传播所涉及的服务范围。我们根据以往的理论文献得出了其分类方法。

在体育协会组织服务中,受访者主要体验政府组织的活动和民间组织的活动。有受访者(N15)表示:"我参加过一些广场舞和太极拳的比赛和推广活动,这些活动通常是由政府相关部门组织的,对公众开放,参与者众多,按性别和年龄分组。"

在全民健身运动专项训练服务中,跑步和登山是受访者参与和体验最多的运动项目。此外,受访者表示能够从中体会到相关运动带来的好处。受访者(N10)认为:"跑步是一项值得推广的运动。它是一项简单的运动,对运动器材和场地没有太多要求。羽毛球、网球、乒乓球等受器材和场地的影响很大,足球和篮球等团体性项目对参与人数有要求。"

在全民健身公共体育设施方面,受访者均表示使用过公共健身器材和健身设施。相比之下,受访者更愿意去公共健身场所,公共健身器材的使用频率相对较低。受访者(N6)表示:"我家附近有足球场、篮球场和网球场,还有几条塑胶跑道。周末,我经常去附近的足球场踢足球。有时我会和朋友们一起打篮球。偶尔晚上我会在湖边的塑胶跑道上慢跑。我家附近也有一些简单的健身器材,偶尔我会和家人一起运动。"在公共体育信息服务方面,受访者表示主要是通过手机获取相关体育信息,信息的内容主要涵盖了"了解赛事信息和相关体育指导方法等"。在体育公共政策咨询服务领域,主要是了解国家颁布的一些与体育公共相关的政策。在国民体质健康监测服务方面,没有人有过体验经历。

在 20 名受访者中,对体育协会组织服务和全民健身公共体育设施的看法和评价较多。同时大部分受访者表示并未体验过社会体育指导员提供的健身指导服务。受访者(N14)认为:"很少有组织的社会体育指导员给我们提供专门的服务,有时会有一些运动参与者自发地给居民提供一些指导,但这种指导不一定是专业的,方法有时候也会不一致。"

三、体验效应调查报告

通过使用 NVivo 11.0 软件对结构化访谈获得的数据进行编码和分析,并使用两轮初级编码进行补充验证。此外,在对 2/3 数据的访谈记录进行编码时,没有建立新的节点,这表明数据内容已经收集并饱和。本部分所有数据均来自 20

份访谈笔录、25 个编码节点和 208 个参考点。节点分为四个层次,第一层次是访谈中真实表达产生的代表性表达,第二层次是总结,第三层次和第四层次是分类总结。分类时存在部分重叠分类。编码节点见表 2-4。

表2-4　全民健身公共服务体验体验效应相关节点统计表

四级编码/ 三级编码	三级编码/ 二级编码	二级 编码	参考点 数量	一级编码(内容展示)
体育协会 组织服务	官方组织 活动	服务	14	官方组织的体育赛事和活动质量和服务水平一般都较高;官方组织的比赛或活动人员的服务态度普遍都比较好。
		规模	4	官方组织的体育赛事或活动规模普遍都会更大,且参与的人数会比较多。
		整体效果	12	官方组织的体育比赛或活动的整体效果普遍比一些非官方体育协会组织的效果要更好;官方组织的公共体育赛事和活动具有较高的服务水平和质量。
		专业性	2	官方组织的体育比赛或活动更有能力应对紧急情况。
	非官方组 织活动	安全性	5	不够标准,容易出现一些安全问题。
		服务质量	12	一些非官方组织的体育比赛或活动服务态度还不错,但组织能力普遍较低,会导致服务水平比较差。
		规模	2	非官方组织的体育比赛或活动标准化程度不够,规模也小,社会影响力通常也不大。
		整体效果	8	非官方组织的体育比赛或活动整体效果普遍都不是太好,通常参与者仅限会员。
		专业性	4	处理缺乏专业性和系统性。
全民健身 运动专项 训练服务	趣味性	—	8	官方提供的公益性的运动专项训练普遍都比较枯燥,缺乏游戏和轻松性的运动项目。
	多元性	—	17	官方提供的运动专项训练项目和种类可供选择的空间太小。
全民健身 公共体育 设施	安全性	—	7	部分公共体育设施不适合老年人,而且存在安全风险;缺乏定期维护,存在一定的安全问题。
	管理和 维护	—	18	公共体育设施缺乏定期维护;公共体育设施管理不够规范。
	使用方法	—	1	许多公共体育设施缺乏使用说明;部分公共体育设施的使用指南通常不太醒目。

（续　表）

四级编码/ 三级编码	三级编码/ 二级编码	二级 编码	参考点 数量	一级编码（内容展示）
	多元性	—	17	公共体育设施的数量和种类远远不够；没有足够的公共体育设施。
	周围环境	—	12	优质的公共体育设施普遍离居民区太远；一些公共体育设施周围的环境太吵；公共体育设施的周边卫生条件比较差，经常能看到一些生活垃圾。
	专业性	—	5	部分公共体育设施设计不够专业，功能较为单一。
社会体育 指导员服务	极少开展	—	2	很少有与社会体育指导员相关的活动。
公共体育 信息服务	沟通强度	—	16	公共体育信息平台太少，宣传力度不够；一些公共体育信息的线下宣传也很少见。
	互动性	—	5	公共体育信息基本上是单向传递，缺乏互动和反馈渠道。
	丰富性	—	11	公共体育信息推送的内容过于单一，宣传力度不够。
体育公共 政策咨询 服务	连续性	—	1	这样的体育赛事一年只有几次，体育赛事和活动的连续性是不够的。
	活动效果	—	3	体育赛事和活动的整体效果不是很好。
	宣传深度	—	7	一些关于全民健身或公共体育服务的政策没有得到很好的宣传和解释。
	宣传力度	—	15	全民健身公共服务推广和宣传很少；一些全民健身公共服务很少得到宣传，而且做得还不够。

在体育协会组织服务方面，受访者均表示官方组织的体育赛事或活动普遍在整体活动效果、服务水平、服务态度、活动规模和专业性方面表现更好。受访者（N10）表示："非官方组织的公共体育比赛和活动的服务水平普遍较差，而官方组织的相对较好。比赛场地、比赛秩序、裁判员水平、比赛质量，这些都是官方组织的会做得更好，导致这一现象的主要原因是非官方组织的体育比赛或活动普遍缺乏安全性。"受访者（N5）表示："非官方组织的体育比赛或活动，可能会存在管理脱节等问题，可能导致出现混乱等情况，比如球场上的暴力行为等。"

在对全民健身运动专项训练服务评价方面，受访者主要关注到趣味性和项目类型两个方面。大部分受访者认为，官方组织的公益性运动专项训练，在内容和形式上通常不那么有趣和多样化,而且适合老年人和妇女的运动专项训练也很少。受访者(N8)表示:"该地区能够开展起来的运动专项训练太少了,很多运动专项训练找不到地方进行锻炼。有些运动专项训练不够有趣,许多运动专项训练是按照传统的规则和标准进行的。而且许多运动专项训练不适合儿童、妇女、老人或残疾人。"

在全民健身公共体育设施方面,受访者提到公共体育设备的管理和维护不到位、设备种类不足、位置不合理和周围环境较差等问题。受访者(N11)表示:"一些新建的优质公共体育设施离家太远。人口集中地区的公共体育设施数量和种类太少。公共体育设施管理不善。一些公共体育设施周围的环境太吵。"受访者(N2)还认为:"周边环境也不好,公共体育设施不够,优质的体育场馆和设施远离居民区,而且大型的公共体育设施开放时间较短,平时锻炼不太方便。"

在公共体育信息服务方面,受访者主要从信息传播强度、丰富性和互动性三个方面进行了探讨。受访者(N4)认为:"公共体育信息的传播力度不够大,传播渠道相对单一。有些居民对这些网络化的公共体育信息平台还不了解,尤其是老年人,导致无法及时获取公共体育信息。而且传播内容也相对单一,无法满足居民的体育需求。信息平台的互动性不够,居民的健身建议无法及时得到反馈。"

关于社会体育指导员服务,受访者认为基本找不到这项服务,还有受访者表示社会体育指导员数量偏少是亟待解决的问题。

关于体育公共政策咨询服务,受访者认为体育公共政策咨询服务的宣传力度以及相关政策内涵解读不足。受访者(N7)认为:"除了那些工作与体育有关的人,大多数居民对全民健身的概念还不清楚。主要是政府相关部门和一些社会企业在组织一些体育活动和比赛时,没有充分、详细地传达政策与文件精神,没有宣传和解读好关于群众体育的一些政策。"

关于国民体质健康监测服务,因为没有受访者表示体验过这项服务,因此本研究没有对其进行具体评价。

四、运动参与驱动因素分析

被调查的 20 名受访者均表示全民健身公共服务能够对居民参与体育锻炼或活动产生积极的影响。在对具体影响因素进行编码时,全民健身公共体育设施的编码内容最多,其次是体育协会组织服务和国民体质健康监测服务。有95%的受访者表示希望拥有充足的公共体育设施,而现有的公共体育设施数量很少,且种类较为单一。受访者(N12)表示:"周边大多数公共的健身器材种类少,功能相对单一,小区内的健身器材普遍适合儿童和老年人使用,不能满足年轻人的健身需求。"受访者(N14)表示:"一些体育设施由于缺乏维护而不安全,导致利用率低,这也是现有体育设施种类和数量不能满足居民需求的原因之一。"

在体育协会组织服务中,对居民参与体育活动影响最大的是有组织、规范的服务态度、赛事、大型赛事服务,这些因素影响居民参与体育运动的体验和感受,受访者(N10)表示:"虽然一些非官方组织的体育赛事和活动数量很多,但工作人员的数量确很少,且他们的服务态度普遍不好,管理缺乏规范性,因此参与度不高。政府组织的大型赛事服务水平很高,老百姓更喜欢,也更愿意参与。"

关于国民体质健康监测服务对居民运动参与的影响,有 90% 的居民希望通过监测结果了解自己的体质健康状况,从而对自己的体育锻炼起到指导作用,进一步改善自己的健康状况。

通过使用 NVivo 11.0 软件对结构化访谈获得的数据进行编码和分析,并使用两轮初级编码进行补充验证。此外,在对 2/3 数据的访谈记录进行编码时,没有建立新的节点,这表明数据内容已经收集并饱和。本部分数据来自 20 份访谈笔录、26 个编码节点和 361 个参考点。节点分为三个层次,第一层次是访谈中真实表达产生的代表性表达,第二层次是归纳,第三层次是分类总结。具体节点和参考分布如表 2-5 所示。

表 2-5　全民健身公共服务对运动参与影响的相关节点统计表

三级编码	二级编码	参考点数量	一级编码(内容展示)
体育协会组织服务	服务态度	23	赛事服务水平会影响到参与决策;官方机构的服务水平普遍较高,机构工作人员态度良好;高水平的服务更有吸引力。
	活动规模	16	参加官方组织的活动的人数甚至更多;大型活动更有吸引力,也更受欢迎;影响大,效果好,有利于提高参与积极性。
	专业程度	13	裁判的专业水平会影响参赛体验;民间比赛缺乏规范的管理;体育赛事或活动的规范性、专业性对参赛体验造成很大影响;赛程安排的合理性对参赛体验造成影响。
	后勤服务	7	紧急情况的应急处理;后勤医疗支持。
	活动内容	3	感兴趣的运动项目和活动。
全民健身运动专项训练服务	多样性	21	足球和篮球是热门运动;不同的运动有不同的运动特点;需要满足不同人群的健身需求;不同的运动适合不同的年龄;同一项运动也可能有不同的参与形式。

三级编码	二级编码	参考点数量	一级编码（内容展示）
	趣味性	17	有趣的运动更受欢迎；竞技体育很有趣；团队运动更有趣；年轻人和儿童对有趣的运动更感兴趣。
	组织保障	7	跑步是一项没有那么多要求的运动；塑胶跑道偏少；组织更多跑步；增加公共网球场和足球场；增加小型足球场。
全民健身公共体育设施	种类数量	26	现有体育设施数量不足；小区里的健身器材不适合年轻人；公共体育场馆的体育设施适合儿童的很少；公共体育设施的种类不能满足各类人群的需求。
	设施安全	12	许多设施不安全，没有详细的使用说明；太陈旧，存在严重的安全问题。
	管理维护	16	公共体育设施管理和维护不善，许多设施陈旧；设施的维护和更新非常重要，需要增加更多的管理人员。
	周围环境	13	体育设施周围有很多垃圾，周围环境太吵；喜欢在空气好的地方锻炼；环境优美的地方更有健身吸引力。
	可及性	8	体育设施离居民区太远；公共体育设施应该放在交通方便的地方。
	便利性	4	免费的体育场地太少；公共体育设施大多是露天的，参与度受天气影响。
社会体育指导员服务	专业水平	25	指导训练方法和设施的使用，避免运动损伤；专业的社会体育指导员更受欢迎；需要专业性指导和实质性帮助。
	服务态度	19	需要更有耐心；需要服务态度好；离居民更近的地方；引导的方式也很重要。
公共体育信息服务	信息内容	25	获取想要的内容；推广健身知识；关注最喜欢的运动信息；推送体育赛事和活动信息；体育信息对不同的人来说是不同的。
	获取信息	24	想让获取信息变得更容易；提高信息的及时性；可以通过手机获取想要的体育信息。
	互动性	1	增加与居民的信息互动，关注和了解居民的体育信息需求。
体育公共政策咨询服务	政策支持	14	需要了解更多的关于"全民体育""健康中国"等政策的解释；需要了解地方颁布的全民健身配套政策。
	政策宣传	8	了解更多关于公共体育的信息；通过媒体了解公共体育政策；了解国家有关公共体育的政策；了解适当的体育活动。

（续　表）

三级编码	二级编码	参考点数量	一级编码（内容展示）
	政策执行	6	政府组织体育活动的内容；相关政策和指导方针的执行情况。
国民体质健康监测服务	测试结果	24	监测应具有代表性；指导科学体育活动的能力；不同的人群应该有不同的监测内容和标准；选择合适的监控内容；可以更好地了解自己的身体状况，进行全面监测。
	监测形式	21	监测结果需要上传；测试设备需要准确；监测结果可以很容易地获取；需要对结果进行一些反馈。
	常规性	5	监测过程应当标准化；需要严格执行常规性国民体质健康监测。
	执行态度	3	保持强烈的责任感和积极的态度。

在体育协会组织服务中，受访者更关心的是体育赛事的服务态度、规范性和专业性，以及赛事的规模。所有 20 名受访者均提到了公共体育赛事或活动的服务态度问题，表明公共体育组织的服务态度对居民是否愿意参与健身产生最直接的影响。其次，公共体育赛事或活动的专业性和规范性也被较多地提及，这一点与"对全民健身公共服务相关体验度的看法"相对应。受访者都表示，官方组织的体育赛事或活动在服务态度和规范性等方面能够表现得更好，人们参与的意愿会更强，而非官方组织的体育赛事或活动则没有那么吸引人。另外，体育赛事或活动的规模对居民参与度也有很大影响。受访者（N6）表示："一些大型活动吸引我是因为它们的参与者数量多，影响力大；活动的规模也反映了服务态度和规范性，所以人们更喜欢参加大型活动。"

关于全民健身运动专项训练服务，对居民运动参与的影响主要是项目内容的多样性和有趣性，年轻的受访者更关注项目内容的多样化，原因是年轻人的兴趣更广泛、更多样，更愿意尝试新兴运动专项训练。因此，除了足球和篮球，年轻人希望有更多种类的新兴运动专项训练，而年龄较大的受访者则更关注体育活动的趣味性和适当性。受访者（N1）认为："体育活动的趣味性对青少年更具吸引力，而简单的体育活动恰恰更适合老年人。在参加体育活动时，还可以实现家庭互动或亲子互动。"

在全民健身公共体育设施中，对居民参与度影响最大的是设施的种类和数量，以及设施维护的及时性。设施种类和数量不足，许多设施缺乏维护，存在安全隐患，这是居民参加体育锻炼时遇到的最大问题。此外，体育设施的周边环境和地理位置对居民参与体育活动的影响也较大，一是由于很多体育设施周边环境不好,有的甚至靠近垃圾场,二是一些健身房或健身器材远离居民点,而且交通也不方便。受访者(N19)表示:"以前住的地方,运动设施都很远,不是很方便,现在搬了新家后,楼下都是健身器材,环境也很好,所以我经常去锻炼。"

在社会体育指导员服务方面,受访者更关注他们的专业水平和服务态度。社会体育指导员需要有足够的专业水平才能得到健身人群的认可,服务态度更好的社会体育指导员会更受人们的欢迎。

在公共体育信息服务和体育公共政策咨询服务方面,受访者均表示信息内容、政策支持、宣传等是影响居民参与体育活动的主要因素,认为更高效地获取所需的体育信息可以激发其参与体育活动的动力。

关于国民体质健康监测服务,有受访者认为监测内容和结果反馈对他们非常重要。同时,监测形式和监测设备也对居民参与体育活动的积极性产生影响。

关于改善全民健身公共服务的建议,20名受访者的意见与全民健身公共服务体验效应调查的影响因素基本一致。全民健身公共体育设施、体育协会组织服务、公共体育信息服务和国民体质健康监测服务是受访者提到最多的改进建议,这表明受访者对这四类全民健身公共服务有更多的需求,这些服务对受访者的运动参与有着较为直接的影响。

使用NVivo 11.0软件对结构化访谈获得的数据进行编码和分析,并使用前两轮初级编码进行补充验证。此外,在对2/3数据的访谈记录进行编码时,没有建立新的节点,这表明数据内容已经收集并饱和。这部分的所有数据来自20份访谈记录、25个编码节点和345个参考点。节点分为三个层次,第一层次是访谈中真实表达产生的代表性表达,第二层次是归纳,第三层次是分类总结。具体节点和参考分布如表2-6所示。

表2-6 改善全民健身公共服务的相关节点统计表

三级编码	二级编码	参考点数量	一级编码(内容展示)
体育协会组织服务	提高专业性和标准化水平	20	提高组织人员的执行能力;非官方组织的标准化和专业化指导;确保公共体育赛事是公平和公开的;加强非官方体育协会组织管理;官方体育协会组织应发挥带头作用。
	大型活动持续影响力	10	通过重大活动增加官方组织的影响力;需要继续发展,一旦中断就会挫伤积极性;注重大型活动的开展,提高活动的影响力。
	提高服务水平	10	提高体育协会组织的服务水平,改善服务态度。

（续　表）

三级编码	二级编码	参考点数量	一级编码（内容展示）
	增加活动频率	10	降低参加门槛，并扩大公共体育赛事的规模；增加公共体育赛事的数量；积极开展群众体育活动。
	民间组织作用	6	引导非官方体育协会组织规范性开展活动，支持非官方体育协会组织举办体育竞赛和活动；加强官方与非官方体育协会组织之间的联系与合作；积极吸引社会力量开展全民健身公共服务。
全民健身运动专项训练服务	规范流程	19	多样性开展运动专项训练服务，满足不同人群的健身指导需求；发挥不同运动专项训练的特点，大力发展青少年体育；加强对冷门、民族传统体育类的专项训练的宣传和推广。
	流程趣味性	9	增加运动专项训练的趣味性，吸引居民的关注；通过适当地改变规则，让运动专项训练更有趣；开展更多的亲子和家庭运动专项训练。
	品牌活动推广	7	增加大众运动专项训练的影响力，带动更多运动专项训练的发展；推广核心运动专项训练，让更多人参与其中。
全民健身公共体育设施	增加设施的数量和种类	18	在小区内增加适合儿童、青少年和年轻人的体育设施；增设篮球场、乒乓球桌等热门体育设施；建设更多的体育设施，以满足不同居民的体育需求。
	改善设施维护	20	定期进行维护和更新，消除安全隐患；规范管理，提高利用率。
	美化周围环境	12	周围环境应干净整洁，提高绿化率；公共体育设施周围环境的独立性和安静性。
	优化设施位置	10	体育设施布局合理；加强交通路线建设；公共体育设施要尽可能靠近居民区；新建公共体育设施应合理布局。
	场馆设施优化	5	热门体育场馆的开放时间延长；以营利为目的的体育场馆提供免费时间，以增加居民的福利。
社会体育指导员服务	增加社会体育指导员的数量	21	创建相应的职位并增加社会体育指导员的数量；与高校合作，激励体育专业学生积极开展体育指导服务；增设实质性相应岗位，让更多的社会体育指导员持证上岗。
	规范社会体育指导工作	21	完善培训方案，提高社会体育指导员的专业水平；建立社会体育指导员培训评价体系，完善相关政策法规。
公共体育信息服务	丰富信息内容	19	增加健身知识和体育专业知识的内容；丰富体育信息，使内容更加充实。
	增加信息传输渠道	22	建设更多的在线体育信息服务平台；利用社交网络构建体育信息服务平台；增加通过电视和广播获得信息的机会。

（续　表）

三级编码	二级编码	参考点数量	一级编码（内容展示）
	信息平台推广	11	推广公共体育信息平台，提高公众意识；加强公共体育信息平台的宣传，增加体育信息平台的影响力。
	加强信息互动	8	公共体育信息平台需要加强与居民的信息互动，了解居民的实际需求，增加线上互动。
体育公共政策咨询服务	加强宣传讲解	15	加强宣传，提高居民对体育相关政策的认识；加强体育文化宣传，对居民进行详细的政策解读。
	满足体育活动需求	14	认真开展体育活动；落实相应的政策法规，为居民带来更多的体育福利。
	改进监控系统	26	建立数字档案，建立健全国民体质健康监测体系；监测结果应数字存档，以方便居民使用；根据监测结果，为人群的体质健康提出科学的锻炼建议。
国民体质健康监测服务	全面实施	14	积极开展国民体质健康监测服务；这项服务对所有居民开放。
	丰富的监控内容	12	根据不同人群的特点设计不同的体质健康监测内容。
	监测仪器及时更新	6	确保监测仪器的准确性和完整性；监测数据需要准确和全面。

受访者认为，体育协会组织服务需要更加规范和专业，大型赛事需要持续开展，服务水平应该提高，活动频率应该增加。与之前的分析相对应，官方组织的活动规模更大、更规范，但次数更少，非官方组织的体育赛事频率高但服务水平相对较差。因此受访者认为官方组织应该与非官方联合组织举办一些活动，一方面官方组织可以加强与非官方组织的联动以及对其的指导，提高非官方组织规范化和服务水平，另一方面官方组织可以利用非官方组织的资源和力量，以及更高频率的大型赛事活动，提高赛事的影响力，提高公众参与度。

受访者（N9）表示："官方体育部门应与社会体育协会组织加强联系，大力支持社会企业和民间体育协会组织体育竞赛和活动，积极引导和规范公共体育竞赛和运动。"受访者（N17）认为："全民健身运动专项训练服务的首要任务是增加体育活动的种类和数量。"可以发现，无论是体育协会组织服务、全民健身运动专项训练服务，还是全民健身公共体育设施，都有少数种类或数量无法满足不同群体的需求。受访者提出能够正常开展的全民健身专项训练较为单一，建议开展更多类型的体育项目，不断增加趣味体育项目，吸引不同人群参与体育活动，让更多居民享受到全民健身公共服务带来的好处，提高居民对体育的参与度。

全民健身公共体育设施的首要任务是增加公共体育设施的数量和种类，同时规范设施管理，定期维护和更新，以提高利用率，从而最大限度地满足不同群体的需求。其次，应美化公共体育设施的周边环境，应考虑新体育设施的分布与交通等问题。

关于社会体育指导员服务，尽管受访者表示，在体育活动前影响最大的因素是指导员的专业水平和服务态度，但调查发现，社会体育指导员服务最显著的矛盾点是人员数量的短缺，在被调查的受访者中，只有 2 人有过体验社会体育指导员服务的经历。由此可见，地方政府对这项服务还有待加强。然而，所有受访者都表示，社会体育指导员的服务将有助于他们更加科学地参与体育运动。因此，增加社会体育指导员数量是首要任务，许多受访者希望相关部门能够增加相应的职位，让居民真正体验到服务。受访者（N2）提出："可以加强与高校和社会组织的合作，让体育专业学生或具有相应职业资格的人为居民提供社会体育指导服务。"

从公共体育信息服务和公共体育政策咨询服务可以看出，全民健身公共服务在信息宣传方面也存在一些问题，相关部门需要加强相应政策的宣传和解释，及时有效地将体育信息传递给居民，相应的信息和宣传的传播方式也需要进一步改进。受访者（N5）提出："目前，公共体育信息只在官方网站上发布。我们希望增加更多的在线传播渠道，尤其是社交网络平台，丰富公共体育信息的内容。"

调查发现，20 名受访者中没有一人体验过国民体质健康监测服务，主要是因为目前国民体质健康监测较多在学生和高危职业群体中进行。然而，所有受访者都认为体质健康监测的结果可以指导他们更有效地进行有针对性的训练，从而改善他们的健康状况。体质健康监测可以提高居民对体育与健康的认知，进而加深居民的运动参与意识，从而促使更多的人关注身体健康，参与体育活动。因此，所有受访者都表示希望相关部门能够尽快推进面向全体群众的国民体质健康监测系统。而且应将体质健康监测结果进行数字化并存档，以方便居民通过互联网渠道获取结果，并给出合理的锻炼建议。全面开展国民体质健康监测服务，可以大大提高居民运动参与度。

五、生活质量满意度评估

通过对 20 名受访者的生活质量满意度进行调查，发现大多数受访者对现有的生活质量感到满意。其中，有 5 名受访者对自己的体质健康状况不满意，有 3

名受访者表示对休闲生活不满意,有 3 名受访者对工作状态不满意,有 2 名受访者表示对家庭和睦程度不满意。此外,也有受访者(N3、N5、N6、N10)对自己的生活质量有其他方面的不满意,通过对不满原因的分析,发现这 4 名受访者都存在缺乏体育锻炼、健康状况不佳和肥胖等问题。因此,可以发现运动参与对受访者的生活质量有很大影响。

在对受访者进行生活质量满意度调查过程中,健康是被提及最多的关键词,其次是工作状态满意度,家庭和睦满意度的影响最小。结合受访者对生活质量不满意的原因可以发现,拥有健康的身体是受访者拥有高生活质量的基础,而工作状态满意度、社会支持满意度和休闲满意度、健康满意度在很大程度上相互影响,并以健康满意度为核心。调查结果如表 2-7 所示。

表 2-7 居民生活质量满意度统计表

维度	满意人数	不满意人数	不满意事项
健康满意度	15	5 (N3、N6、N9、N10、N12)	缺乏体育锻炼;经常生病;身材不好,身材肥胖;睡眠和饮食不好;缺乏应对生活的活力和乐观情绪。
休闲满意度	17	3 (N3、N5、N10)	没有时间进行体育锻炼;处于不良身体和心理状态。
工作状态满意度	17	3 (N5、N6、N10)	工作压力大,没有时间休息和参加体育活动。
社会支持满意度	20	0	无。
家庭和睦满意度	18	2 (N4、N7)	家庭负担太重,压力很大;没有时间进行体育锻炼。

通过使用 NVivo 11.0 软件对结构化访谈获得的数据进行编码和分析,并使用两轮初级编码进行补充验证。此外,在对 2/3 数据的访谈记录进行编码时,没有建立新的节点,这表明数据内容已经收集并饱和。本部分所有数据均来自 20 份访谈笔录、18 个编码节点和 223 个参考点。节点分为三个层次,第一层次是访谈中真实表达产生的代表性表达,第二层次是归纳,第三层次是分类总结。具体节点和参考分布如表 2-8 所示。

健康满意度对居民的生活质量有着最直接、最大的影响。拥有健康的身体不仅使居民有足够的能量和良好的心理态度来面对生活中的其他挑战,还使他们能够保持更好的身材,改善饮食和睡眠,消除疾病的威胁。生活满意度与工作

表2-8　生活质量影响因素的相关节点统计表

三级编码	二级编码	参考点数量	一级编码（内容展示）
健康满意度	减少患病	16	运动能带来健康，所以很少去医院，安心又省钱；减少疾病；体育锻炼可以改善高血压。
	心理健康	16	身体健康的人也更乐观、更积极；心情越愉悦，面对工作的热情就越高；体育锻炼的过程是非常快乐的，坚持体育锻炼会使性格变得开朗。
	保持健康	13	以一种更有活力的精神去坦然面对社会；缺乏锻炼精神也可能很差；持续性的体育锻炼会让精神面貌得到改善。
	饮食和睡眠	10	运动有助于饮食和睡眠；多吃多睡。
	身体形态	3	缺乏锻炼，对体重不是很满意；肥胖会导致许多疾病；运动使体形更加完美。
休闲满意度	放松身心	17	在业余时间，体育活动可以放松身心；缺乏旅行和锻炼的时间会导致抑郁；有时间进行体育锻炼，会感到很满足和快乐。
	充实自己	16	把空闲时间花在体育锻炼上会感觉更有成就感；经常参加体育活动使生活更有意义；喜欢运动的人会更好地利用业余时间不断丰富自己。
	保持健康	6	有更多的空闲时间休息和体育锻炼；没有时间休息，身体就会出问题。
工作状态满意度	收入来源	17	工作带来了可观的收入，并支持做喜欢的事情；满足经济需求，支付锻炼和健身费用。
	保持生理和心理健康	13	工作也能带来很多精神上的收获；喜欢的工作使自身精力充沛，积极向上；工作的压力使人们容易出现身体和心理问题。
	空闲时间	12	空闲的工作时间不会影响锻炼和休息；工作压力很大，没有时间健身和社交。
	获得成就感	9	体育带来的成就感和满足感升华了个人的社会价值。
社会支持满意度	获得支持和帮助	21	运动中可以认识很多朋友，大家会互相帮助；运动伙伴可以给我更多的帮助，督促运动；使生活更加方便，对生活和工作都有帮助。
	为了友谊	17	和足球队的队友关系很好，参加体育活动可以结交新朋友，改善和老朋友的关系。
	获取信息	8	人们会经常相互交流；彼此分享有关生活和工作的信息。
家庭和睦满意度	家人联系程度	12	家庭关系和谐幸福；与家人一起锻炼，彼此之间的关系越来越好；经常参加体育运动可以对家庭产生积极影响。

三级编码	二级编码	参考点数量	一级编码（内容展示）
家庭和睦满意度	家人支持程度	12	家人的支持是最大的动力；家庭是精神支柱；家人相互尊重，共享体育锻炼所带来的乐趣。
	压力和负担	5	把所有的时间都花在家人身上，没有时间运动；家庭负担太重，无法支持自己的体育兴趣。

状态满意度和健康满意度之间有很强的相关性。如果居民有适当的工作压力和足够的休闲时间进行体育锻炼，他们会有更高的健康满意度、休闲满意度和工作状态满意度。健康满意度、生活满意度和工作状态满意度也与社会支持满意度相关。所有受访者都表示，体育运动可以帮助他们获得更多的社会支持，参加体育活动是社交的最佳方式之一。

家庭和睦满意度与其他满意度之间的关系相对较弱，家庭生活质量的提高主要在于家人之间的情感联系，家庭和谐是幸福的重要源泉。有受访者提出："家人非常支持我参加体育活动，我经常带他们一起锻炼，这不仅可以改善家人的身体健康，还可以增加与他们的互动时间，增进我们之间的关系。体育锻炼给家庭带来了更多的正能量，具有很强的吸引力。"

无论从哪个方面分析，都可以看出，运动参与对生活质量的提高有很大影响，可以从各个方面提高居民的满意度。因此，鼓励居民积极参与体育活动，提高居民的生活质量是非常重要的。

第二节　全民健身公共服务对生活质量的整体影响评价

使用 NVivo 11.0 软件对编码节点进行了聚类分析，并依据受访者在节点中的语言描述的相似性进行了皮尔逊相关性分析，以获取相关性较高的编码节点之间的关系图。与其他节点的连接越多，相似语言描述出现的频率越高，这可以证明受访者所表达的观点具有共性特征，应该被引起重视。通过这种相似性分析，不同的编码节点得以重新整合，揭示了看似分属不同类别的观点之间实际上存在的内在联系。

调查发现，受访者对公共体育设施的数量和种类关注度最高，其次是大型活动和公共体育设施管理。所有这些都与公共体育政策咨询服务和信息服务密切相关，表明官方组织和相关政府机构的支持对居民参与体育运动有很大影响，居民更加希望参加官方组织举办的体育赛事和活动。如果要提高居民的运动参与度，就需要官方组织加强引导和协调，加大对全民健身公共服务支持的力度，并通过官方和专业的影响力引导非官方体育协会组织逐步走向规范化和专业化的道路，这样才能真正让全民健身公共服务的福利惠及更多的人，更有效地鼓励更多的人参与体育活动。

在对生活质量影响因素的语义聚类分析中，使用 NVivo11.0 软件对编码节点进行聚类，并根据节点中受访者语言描述的相似性进行皮尔逊相关性分析，从而获得相关性相对较高的编码节点的关系图。调查发现，受访者的运动参与度与其他四种满意度的各个方面都有很强的相关性，且这些因素相互影响，共同决定着居民的生活质量。例如，经常参加体育活动可以帮助居民保持足够的体力和良好的心态，居民还可以通过体育活动结交更多的朋友，获得更多的社会支持，增强与家人的情感联系，从而从各个方面提高生活质量。而休闲时间是否充足、来自家庭的压力和负担是否过重等因素决定了居民是否有足够的时间和精力参与体育运动。

第三节　提高居民运动参与率的策略与建议

本研究通过深入访谈 20 位长期投身于体育锻炼的健身爱好者，旨在探究他们对全民健身公共服务提出的宝贵建议，并分析这些服务对居民参与体育活动的影响因素。研究的目标在于识别并优化全民健身公共服务的各个方面，以增强其对居民运动参与的积极作用，进而提升居民的整体生活质量。经过细致的数据分析和综合考量，本章节将对研究结果进行精练总结。通过这些发现，我们期望能够为全民健身公共服务的改进提供实质性的见解和建议，从而更好地满足居民的健康需求，促进一个更加活跃和健康的社会环境。

第一，关于全民健身公共服务体验度的调查结果。

在体育协会组织提供的服务方面。所有受访者都表示有过体验经历，体验的内容涵盖了官方或非官方体育协会组织举办的公共体育赛事或活动。受访者均表示官方组织的公共体育赛事或活动的整体服务水平、质量、效果和规模要优于非官方组织，主要原因是官方部门组织的体育赛事或活动资金投入通常会更大、人力资源更丰富、服务更专业、组织管理更规范、受众更广，因此更多受访者表示，他们在参加官方部门组织的公共体育赛事或活动方面有更好的整体体验。

在全民健身运动专项训练服务方面。所有受访者都表示体验过。体验的主要内容包括登山、足球、羽毛球、篮球、跑步、乒乓球等运动专项。主要反映的问题是可供选择的运动专项训练种类相对较少,且缺乏趣味性,不同运动专项训练的特点和功能没有得到充分利用。适合儿童和妇女的运动专项训练不多,大众运动专项训练也没有得到有效开展。主要原因是公共体育设施规模普遍较小,且老城区没有太多的闲置用地来建造更多的体育场馆。政府相关职能部门或社会企业对全民健身运动专项训练服务的促进和发展仍需加强,建议投入更多的配套资金支持推广更多种类的公共体育专项训练。另外,居民对科学运动训练的认知普遍不高,大多数居民对专业化的公共体育专项训练没有特定的需求,但半数受访者对全民健身运动专项训练服务表示满意。

在全民健身公共体育设施方面。所有受访者都表示有体验过。体验的主要内容是体育场馆、公园、运动广场、公共健身器材、公共塑胶跑道、居民小区公共体育设施等。存在的主要问题有:公共体育设施的种类和数量太少、专业性还不够、周边环境较差、位置不合理、管理不规范等。居民对公共体育设施日益增长的需求与社会经济发展不均衡不充分之间存在着矛盾。根据浙江省体育局《2022 年浙江省体育场地统计调查主要数据》显示,截至 2022 年 12 月 31 日,浙江省共有体育场地 220076 个,场地总面积为 18393.31 万平方米,人均体育场地面积 2.80 平方米,如图 2-5。政府体育设施投入的重视为推动全民健身运动和提升居民健康水平奠定了坚实的基础。

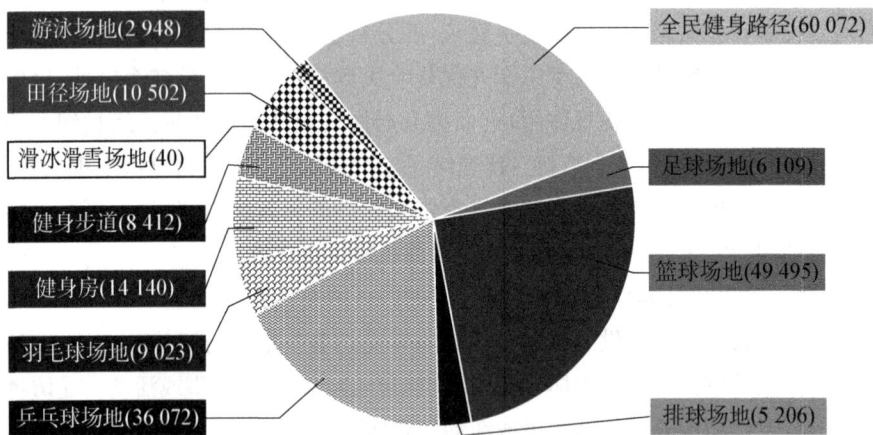

图 2-5　浙江省全民健身体育场地统计 (2022)

数据来源:浙江省体育局《2022 年浙江省体育场地统计调查主要数据》

在社会体育指导员服务方面。绝大部分受访者表示没有体验过有组织的或正式社会体育指导员服务,只有一小部分受访者参加过小规模的社会体育指导员服务,且是不可持续的、针对有限人群的。主要原因是社会体育指导员服务需要多方面资源的配合与支持。同时居民体育指导意识仍然较弱,对社会体育指导员服务的需求并不迫切。这项服务可以对社会上的一些营利性体育服务产生积极影响。

在公共体育信息服务方面。所有受访者都表示有过体验。体验的主要内容是赛事活动的宣传信息和场馆运营信息。主要问题表现在公共体育信息服务平台太少、信息内容单一、传播方式不多、宣传力度不够等。

在体育公共政策咨询服务方面。只有1名受访者表示没有体验过,其他人则表示体验过。体验的主要内容是地方政府根据国家政策和要求发布的一些与全民健身有关的政策法规,以及一些促进群众体育发展的体育竞赛或活动方案等。

在国民体质健康监测服务方面。通过体育局网站可以了解到,绝大部分城市体育主管部门官网均可查询到国民体质健康监测服务信息,但有真实体验的受访者却没有。主要原因是居民自己并没有意识到这项服务的必要性。这项服务将对人们参加体育运动的积极性产生影响。这项服务的开发和实施需要大量社会资源的支持,因此难以实施。

从上面的研究结果中可以看出:第一,人们参加全民健身的主动性仍然不高;第二,全民健身资金供给仍显不足,很难满足地方或体育协会组织承办体育比赛或举办活动等需求;第三,城市规划方面缺乏多功能、综合性的体育场馆,部分场馆利用率不高,大多数体育和健身场所都是校园场所,考虑到学生的安全和场地的质量保证,学校仍然无法向社会开放;第四,公共体育信息服务平台的宣传力度不够,居民难以及时掌握公共体育信息;第五,公共体育政策的制定、实施和监督存在不足;第六,社会体育指导员服务和国民体质健康监测服务仍有待进一步加强,在较大程度上制约了全民健身高质量发展。

第二,关于全民健身公共服务影响居民参与体育活动的调查结果。

在体育协会组织服务方面。所有受访者都表示体育协会组织服务会对居民的运动参与产生影响。主要表现在有组织的公共体育赛事或活动可以提高居民的运动参与积极性,高质量的公共体育赛事和活动可以提高居民运动参与的效果。体育协会组织较高的服务水平和专业规范性可以提高居民的运动参与程度,使居民更多地参与和享受体育运动。

在全民健身运动专项训练服务方面。所有受访者都表示全民健身运动专项训练服务会对他们的运动参与产生影响。主要表现在居民愿意参加一些免费的体育活动,这样不仅可以锻炼身体,还可以节省体育活动的经济支出。多样化运动专项训练具有不同的体育特色,可以为居民带来不同的体育体验,满足他们不同的体育需求。更多公共体育专项训练项目的出现,可以让居民根据自身条件有更多的体育选择,从而提高运动参与的积极性和效果。

在全民健身公共体育设施供给方面。受访者均表示全民健身公共体育设施对居民运动参与度有较大的影响。主要表现在不同的居民参与运动的目的不同,这也意味着他们需要不同的体育设施来满足或增强他们的运动参与积极性。体育设施周边环境优美、种类丰富、数量齐全、管理规范、位置合理,这些因素都会影响居民运动参与的效果和积极性。

在社会体育指导员服务方面。受访者均表示社会体育指导员服务对居民运动参与度存在影响。主要表现在居民都认为社会体育指导员可以帮助他们提高运动参与的效果。目前,他们在体育锻炼中可能会遇到一些自己无法解决的运动技术问题,需要专业人士的帮助。因此,社会体育指导员的专业能力、指导态度和指导方法会影响居民的运动参与。

在公共体育信息服务方面。受访者均表示公共体育信息服务对居民运动参与度有一定影响。主要表现在信息内容、传播渠道、平台互动等方面。这些因素会影响居民对体育信息了解的及时性、对体育信息的探索和对体育与健康知识的认知。

在体育公共政策咨询服务方面。受访者均表示体育公共政策咨询服务对居民运动参与有一定影响。主要表现在政策法规的宣传和执行,以及通过不同的宣传平台积极宣传与全民健身相关的政策法规,使居民更加意识到体育与健康的意义,更加了解政府为居民提供的体育福利。

在国民体质健康监测服务方面。受访者均表示国民体质健康监测服务对居民运动参与度有一定影响。主要表现在体质健康的监测内容、监测形式、监测仪器设备等方面。监测内容应符合不同人群的特点,监测形式应规范严谨,监测仪器设备应先进齐全。

第三,关于生活质量满意度的调查结果。

在健康满意度方面。从受访者的回答可以看出,影响健康的主要因素是休息和饮食、态度和疾病。主要原因是休息和饮食会对身体健康产生影响,积极和消极的态度会影响心理健康,疾病会对生理和心理健康产生影响。所有受访者都表示积极参加体育活动有助于改善身心健康,改善睡眠和饮食习惯,调节情绪。

在探讨工作状态满意度的诸多因素中,受访者的回答揭示了五个关键要素:

收入水平、工作时间、工作性质、成就感以及同事间的和谐关系。其中,收入水平直接关联到个人的财务自由度,高收入能够为员工提供更多的生活选择和安全感,从而提升满意度。工作时间影响员工的个人生活和家庭时间,合理的工作时间安排有助于平衡工作与生活,减少工作压力。工作性质决定了员工对工作内容的兴趣和热情,当工作与个人兴趣和职业目标相匹配时,可以显著提高工作满意度。成就感是推动人们不断进步和挑战自我的重要动力,成就感的获得能够增强人们对工作的积极性和投入度。最后,良好的同事关系能够营造一个和谐的工作环境,促进团队合作,提高工作效率。此外,参与体育活动不仅能够增强体魄,还能作为一种有效的压力释放方式。它有助于提升人们的工作态度,调整工作状态,并且通过团队运动改善与同事的关系。体育活动能够激发员工的积极性,使他们以更加饱满的热情和活力投入工作中。因此,鼓励员工参与体育活动,可以作为提升工作满意度的一个有效途径。

在休闲满意度方面。从受访者的回答中可以看出,影响休闲满意度的主要因素是闲暇时间、休闲活动内容和活动群体。主要原因是这些因素会影响休闲生活的意义和实现。受访者表示参加体育活动是他们休闲计划的一部分,这将使他们的休闲生活更加充实和有意义。

在社会支持满意度方面。从受访者的回答中可以看出,影响社会支持满意度的主要因素是社会能力、社会风格和社会地位。主要原因是这些因素会影响网络资源,从而影响生活和工作。受访者表示通过参加体育活动可以有效地结交更多的朋友,建立更稳定的关系,这对他们的生活和工作都有帮助。

在探讨家庭和睦满意度的关键因素时,受访者认为家庭关系的和谐程度以及家庭成员的健康状况至关重要。家庭是个体情感依托和社会支持的重要来源,和谐良好的家庭关系能够为成员提供一个充满爱与理解的环境,这不仅能够增强个体的心理幸福感,还能够激发更多的积极情绪和能量。当家庭成员之间存在开放的沟通和深度的理解时,个体在面对生活挑战时会感到更加自信和有力。健康是维系家庭幸福和稳定的基石。家庭成员的健康状况直接影响到家庭的日常运作和长期规划。一个健康的家庭成员群体能够共同参与家庭活动,共享生活的喜悦,同时也能够在面对困难时互相扶持。家庭成员的健康不仅关系到个体的生活质量,也是家庭整体幸福感的重要组成部分。因此,为了提升家庭和睦满意度,重视并培养良好的家庭关系至关重要。家庭成员应当努力维护相互之间的沟通和理解,共同营造一个支持和关爱的氛围。同时,关注家庭成员的健康,鼓励健康的生活方式和定期的健康检查,也是确保家庭幸福和谐的重要措施。通过这些努力,家庭成员可以在爱与关怀中共同成长,享受更加美满和谐的家庭生活。

第四，关于全民健身公共服务对生活质量影响效果调查结果。

通过研究结果可以看出，全民健身公共服务将对居民参与体育运动产生影响，居民参与体育活动将对居民的健康、工作、休闲生活、社会支持和家庭产生影响。因此，全民健身公共服务也对生活质量产生影响。体育活动也可以对健康产生有益的影响。

全民健身公共服务可以通过提供免费的公共体育设施、公共体育信息、公共体育协会组织和公共体育专项训练服务，帮助居民提高运动参与的积极性和有效性。除了建设可供儿童玩耍的体育设施外，还需要建设更多可以让儿童自由奔跑、跳跃和游戏的地方。游戏是儿童的天性，游戏的过程锻炼他们身体素质，激发他们无限的想象力。此外，场馆设施的安全也是家长最关心的问题，确保设施的安全是当前社会共同关注的问题。而成年人更喜欢在社区中进行特定的活动，如羽毛球、广场舞等。这类活动通常是一种社交性质的集体活动，往往伴有家人和朋友的共同参与。在这样的背景下，活动场地的选择和内容的设计就显得尤为重要，它们需要满足参与者对于放松和享受的基本需求。为了确保这类活动能够达到预期的放松效果，组织者需要综合考虑场地选择、活动内容以及参与者的需求和安全，从而创造出一个既舒适又充满乐趣的活动体验。通过精心的策划和组织，这样的活动不仅能够增进家人和朋友之间的情感联系，还能够为参与者留下难忘的回忆。

健康和幸福感的提高有利于居民工作状态的调整，使居民有更好的心态和精力投入工作，提高工作效率，稳定工作状态。参与公共体育赛事与活动不仅为居民提供了一种有效的压力释放途径，还有助于提升他们对生活的整体态度。通过这些活动，居民能够在运动中找到乐趣，从而在紧张的工作和生活之余获得身心的放松和恢复。此外，体育活动还能够促进社区内的互动与交流，增强邻里之间的联系，营造出更加和谐友好的居住环境。因此，鼓励居民积极参与公共体育赛事和活动，不仅有利于他们的个人健康和福祉，也有助于构建一个更加活跃和充满活力的社区氛围。许多居民愿意与朋友或家人一起参加体育活动，这有利于增进运动参与者与家人和朋友之间的关系，改善家庭关系，加深朋友之间的友谊。通过坚持不懈地参与公共体育赛事和活动，居民也可以加深对体育的了解，逐渐养成终身体育的习惯，让体育成为生活中不可或缺的一部分。

全民健身公共服务体系中的体育信息平台，对于促进邻里间的和谐关系以及增强社区凝聚力具有显著作用。这些平台不仅为人们提供了一个发现和参与体育活动的便捷途径，而且创造了与志同道合的体育爱好者交流的机会。研究证明,规律性地参加体育活动,能够增强人体机体功能,预防疾病,帮助养成积极乐观的心态。通过这些体育信息平台,人们可以轻松地积累和扩展自己的社交网络,增强社会支持系统,使得个人的生活和工作更为顺畅。此外,结识新朋友并与之互动,不仅能够减少运动时可能感受到的孤独和乏味,还能提升对体育活动的兴趣,从而丰富个人的休闲生活,增添生活的乐趣和活力。

为了逐步提高居民的生活质量,全民健身公共服务应该从以下五个方面精准发力:一是要加强对全民健身公共体育协会组织的规范管理,特别是对一些非政府体育协会组织进行积极引导,建立、疏通入会渠道,降低入会门槛,鼓励和支持普通居民参加社会公共体育协会组织,进行协助和管理。二是加强与居民的互动和沟通,了解居民对全民健身公共服务的具体需求,让全民健身公共服务更贴近居民的体育生活。建立和完善公共体育信息服务平台,方便公众获取体育服务。建立包括互联网、电话热线、市民信箱、广播电视、报纸杂志等在内的多渠道信息交流网络,方便公众通过公共体育信息服务平台查询体育信息、运动训练指导服务等,如果在接受服务方面有不满意的,也可以通过全民健身公共服务系统或平台进行反馈,根据反馈建议和意见,受理单位及时给予答复和解决问题。三是政府部门应逐步加大对全民健身公共服务的投入,积极引导鼓励社会企业和非政府体育协会组织发展和协助全民健身公共服务。四是完善全民健身公共服务的政策法规,同时加大政策法规的宣传力度。五是要及时完善和调整全民健身公共服务的监督评价体系,定期组织社会体育指导员培训班,持续增加域内社会体育指导员数量,满足居民健身多样化需求,同时做好国民体质健康监测服务,开展数据采集,确保居民获取客观准确的国民体质健康数据,促进全民健身活动的高质量开展。

基于本章研究结果的分析和讨论,提出如下建议:

第一,健全与夯实更高水平的社会体育指导员服务体系。建立社会体育指导员服务的培训与监督体系。可以通过高校开设社会体育指导员专业,培养更多的社会体育指导员,严格控制社会体育指导员证书的考试,提高社会体育指导员的素质和业务能力。在各社区相关部门设置社会体育指导员岗位,让社会体育指导员有更多的生活保障,全身心投入体育指导服务中。建立社会体育指导员综合评价体系,既允许相关官方部门监督评价,也允许群众共同参与社会体育指导员监督评价体系。根据各社区的位置和分布,以及社区的居民数量,合理分配社会体育指导员的服务安排,提高服务效率,使社会体育指导员服务更加规范、合理、专业。

第二,贯彻和落实国民体质健康监测服务。加强国民体质健康监测服务体系建设,逐步扩大监测服务范围。逐步对体质健康监测仪器设备进行数字化升级,建立居民体质健康网络数据平台,让所有参与者都能轻松访问自己的体质健康监测数据。严格控制监测过程,全面监测体质健康变化过程,准确计算监测结果,合理安排监测时间。通过大数据分析,根据不同人群制定不同的监测项目和合格标准。具体监测内容和标准可参照当年的《国民体质测定标准》执行。聘请体育科研团队或国家国民体质监测中心定期对监测数据进行分析,并给出合理、科学的锻炼建议。保证国民体质健康监测服务数据真实性、科学性、全面性和连续性。

第三,进一步健全全民健身公共服务相关法律和政策体系建设。转变政府职能,积极引导公民和社会力量参与,全民健身公共服务应注重多层次、多部门的合作,形成全民健身公共服务专项财政和社会资金共同保障的多元化投资格局;重视为弱势群体和特殊群体提供全民健身公共服务;扩大公共体育设施覆盖范围,提高利用率。

第四,结合地方特色,包括人口、文化、地理特征、经济、体育特色等,充分发挥全民健身公共服务的作用。

第三章

全民健身资源数字化服务平台用户满意度分析

在前两章中,探讨了更高水平全民健身公共服务体系的基础理论框架及其对提升生活质量的实际影响。这些讨论揭示了构建高效、全面的全民健身服务体系的重要性以及现有服务模式中存在的挑战。近年来,随着信息技术的迅猛发展,数字化转型为解决这些问题提供了新的思路和方法。本章聚焦于全民健身资源数字化服务平台的发展现状及其用户满意度分析,探索如何通过数字化手段优化全民健身服务。

数字化技术的应用极大地改变了公共服务的提供方式,也为全民健身服务带来了前所未有的机遇。数字化服务平台不仅能够提高资源利用效率,还能增强服务的可及性和便利性,从而更好地满足公众需求。要充分发挥这些平台的优势,必须深入了解用户的实际需求和体验感受,这成为数字赋能全民健身公共服务体系升级转型的重点所在。

本章首先对数字化背景下全民健身资源所呈现的形态进行概况,探讨当前数字化服务平台的主要形态指标与测量方法。然后基于用户对这些平台的满意度情况的调查,识别出影响用户体验的关键因素。最后通过这些问题的研究,为未来全民健身数字化服务平台的设计和优化提供科学依据。

第一节 数字化服务背景下全民健身资源概览

大数据、云计算、物联网、5G等信息技术的应用促进了体育场馆服务的更新换代,智慧体育场馆的建设概念应运而生。目前,智慧体育场馆并没有一套统一的建设模式,仍处于探索阶段。然而,可以预见的是,随着数字技术的融合与创新不断加速,其带来的变革效应将日益显著。这种技术的快速发展和应用,将对我们的生活方式、工作模式和社会互动产生深远的影响(如图3-1所示),更多的新的移动信息技术将会和体育场馆运营结合得更加紧密。例如最新建设的杭州第十九届亚运会以及第十四届全运会主体育场都充分利用了5G技术进行建造，我国"5G＋智慧"国际标准的体育场馆逐渐增多。

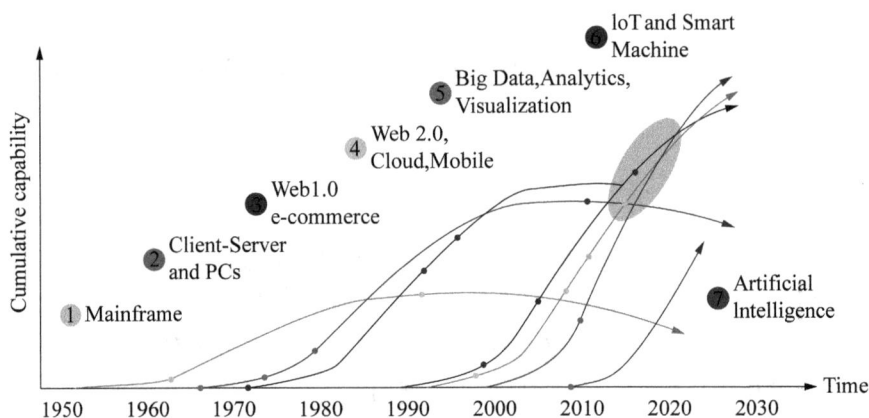

图 3-1 数字技术的组合效应变化图

全民健身资源数字化服务平台是串联各类型资源的载体，其之所以数字化，是因为其具备新一代信息技术服务的属性。全民健身资源数字化服务包括了线上服务和线下服务两个模块。在线上服务模块中，充分利用网络平台向全民健身参与者提供赛事信息分享、运动场地资源推荐、体育场地预订、运动装备购买、健身在线指导、体质健康分析等服务。而在线下服务模块中，包括了智能体育器材与装备、AI 互动、体质健康监测、电子裁判、运动技术分析、健身过程直播，以及与运动参与密切相关的数字化的健身设备，还包括电子门禁、自助售票、安防监控、环境监测、空气调控、摔倒报警、人脸识别、智能停车、智能储物、智能售卖等辅助系统。

我国全民健身资源数字化建设起步较短但发展迅速，在为人们参与运动带来便利的同时，正悄无声息地被人们所广泛接受与认可。可以预见的是，全民健身资源数字化必将在未来国家体育事业发展中发挥重要的战略作用。全民健身资源数字化建设的目的在于更好地服务于全民健身和带动体育消费环境的升级。因此，在全民健身资源数字化建设的过程中，有必要实时把握人们对于全民健身资源数字化改革的态度。通过文献调查发现，全民健身资源数字化建设与服务模式是学者们关注的重点，其解决了如何建设全民健身资源数字化，如何开展全民健身资源数字化相关服务等问题，而关于这种服务的效果如何的研究暂时是缺失的。本研究以全民健身资源数字化线上服务模块与线下服务模块的形态要素为自变量，以全民健身资源数字化参与形态为中介变量，对全民健身资源数字化服务的满意度进行调查。研究成果能够为我国全民健身资源数字化建设工作提供改革思路和理论参考。

工业 4.0 促使全民健身公共服务向数字化方向推进。我国全民健身资源数字化发展时间较短,在摸索发展路径的同时,需要实时对全民健身参与者的反馈进行响应。本研究以全民健身资源数字化服务满意度要素为研究对象,通过文献法、访谈法、层次分析法和结构方程模型分析法,对全民健身资源数字化服务满意度模型进行构建与建模。研究发现全民健身资源数字化服务分为线上服务模块与线下服务模块,其中,便捷性、内容质量、交互性和精准性决定了全民健身资源数字化线上服务的质量,全民健身资源数字化线上服务能够对运动参与者的全民健身资源数字化服务体验感受产生影响,并最终影响全民健身资源数字化服务满意度;而实用性、便利性和娱乐性是全民健身资源数字化线下服务的决定要素,全民健身资源数字化线下服务能够对运动参与者的体验感受和体验行为产生影响,并最终对全民健身资源数字化服务满意度产生影响。本研究还发现,全民健身资源数字化线上服务质量对体育消费者的全民健身资源数字化服务体验行为的影响的显著性不具统计学意义。本研究能够对全民健身资源数字化服务的理论体系进行补充,为加强全民健身资源数字化服务治理体系提供理论参考。

第二节　数字化服务平台形态指标与用户满意度测量方法

通过中国知网、Web of Science、Engineering Village 等论文数据库检索平台对关于全民健身资源数字化服务、智能体育、体育信息化等相关文献进行查询与分析,了解国内外有关全民健身资源数字化服务的研究动态。在文献调研的基础之上,根据全民健身资源数字化服务的形态要素指标以及满意度指标设计制作调查问卷初稿,邀请 10 位全民健身和信息技术相关领域的专家对问卷的内容进行筛选与修正,制作了《全民健身资源数字化服务满意度的调查问卷(预调查)》,调查问卷采用了李克特 5 级量表进行测量,以 1、2、3、4、5 分别代表非常不同意、不同意、一般、同意、非常同意 5 个等级。问卷的维度与内容修正参考了专家意见。首先在杭州奥林匹克体育中心采取现场发放的形式对 126 名群众进行了预调查,预调查问卷的回收率为 100%,通过预调查的结果对问卷的维度和指标进行再次修正,最终确定了《全民健身资源数字化服务满意度的调查问卷(正式调查)》。在预调查中,将全民健身资源数字化服务领域较为发达的体育中心作为问卷发放的地点,采取了有奖答题的方式进行现场调查,并现场回收问卷。

在正式调查中,选取了能够熟练使用智能手机的体育爱好者作为调查对象,按照每个问卷发放地点 150 份问卷的标准进行发放,共计发放了 600 份问卷,回收了 600 份问卷,问卷回收率为 100%。剔除答题不全的问卷,最终共获得了 518 份有效问卷,有效率为 86.3%。使用 SPSS 25.0 软件对问卷数据进行可靠性分析和因子分析,构建全民健身资源数字化服务满意度模型,使用 AMOS 25.0 软件对问卷数据进行结构方程模型检验,对模型的聚合效度和区分效度进行检验,验证模型的拟合度。

如表 3-1 所示,在对全民健身资源数字化线上服务进行调查中发现,"便捷性"因子在所有因子中均值最高,其次为"精准性""内容质量"和"交互性"。在便捷性因子的各项指标当中,访问与使用体育网络信息平台的易用性的均值最高,达到了 3.83;在内容质量因子中,体育网络信息平台中的信息的有用性的均值最高,达到了 3.80;交互性因子的均值在所有指标中的均值排名最低,特别是体育网络信息平台交互渠道的多元性的均值在所有要素均值中最低,代表了体育网络平台提供的交互渠道不能较好满足体育消费者的需求,限制了全民健身资源数字化线上信息的传播。

表 3-1 全民健身资源数字化线上服务形态的指标要素测量

因子	因子命名	要素	要素命名	$\bar{x} \pm s$
便捷性	BJ	网络信息平台的开放性	BJ1	3.80±0.761
		网络信息平台的易用性	BJ2	3.83±0.816
		信息传播途径的多元性	BJ3	3.73±0.824
		接收信息的设备的低门槛性	BJ4	3.78±0.830
内容质量	XX	信息的有用性	XX1	3.80±0.735
		信息的覆盖广度	XX2	3.71±0.749
		信息的引导性	XX3	3.77±0.807
		信息的准确性	XX4	3.75±0.740
交互性	JH	网络信息平台交互渠道的多元性	JH1	3.47±0.899
		网络信息平台交互功能的多样性	JH2	3.54±0.907
		网络信息平台的互动频率	JH3	3.64±0.948
		社区的开放程度	JH4	3.58±0.926
精准性	GX	用户需求的掌握程度	GX1	3.75±0.798
		信息推送的针对性	GX2	3.72±0.858

（续　表）

因子	因子命名	要素	要素命名	$\overline{x}\pm s$
		信息推送的准确性	GX3	3.75±0.873
		信息反馈效率	GX4	3.69±0.866

如表3-2所示,在对全民健身资源数字化线下服务形态的调查中发现,"实用性"因子的均值最高,其次为"便利性"因子与"娱乐性"因子。在实用性因子当中,智能设备的有用性的均值最高,达到了3.80。在娱乐性因子当中,智能设备反馈的及时性要素均值最低,为3.34,反映了全民健身资源数字化线下服务与运动参与者的预期之间仍有较大差距,不能够及时对全民健身参与者的需求进行捕获、反馈与行动。

表3-2　全民健身资源数字化线下服务形态的指标要素测量

因子	因子命名	要素	要素命名	$\overline{x}\pm s$
实用性	SY	智能设备的使用效率	SY1	3.67±0.852
		安装智能设备的针对性	SY2	3.73±0.825
		智能设备的辅助效能	SY3	3.77±0.884
		智能设备的有用性	SY4	3.80±0.830
		智能设备的大众性	SY5	3.72±0.812
便利性	BL	智能设备的可操作性	BL1	3.52±0.950
		智能设备的可识别性	BL2	3.54±0.977
		智能设备容积的合理性	BL3	3.48±0.921
		智能设备功能的人性化设计程度	BL4	3.54±0.877
		智能设备功能介绍的引导性	BL5	3.49±0.917
		智能设备功能的多样性	BL6	3.64±0.910
娱乐性	YL	智能设备外观的吸引力	YL1	3.54±0.945
		智能设备功能的吸引力	YL2	3.46±0.985
		智能设备反馈的及时性	YL3	3.34±1.023
		智能设备反馈的有效性	YL4	3.37±0.986
		智能设备任务的可及性	YL5	3.39±1.003

如表3-3所示,本研究通过两项指标对全民健身资源数字化参与形态进行观察,其一为运动参与者在体验(或享受)全民健身资源数字化服务过程中的感

受,其二为运动参与者在体验全民健身资源数字化服务过程中的行为特征。调查发现,运动参与者在体验全民健身资源数字化服务中的感受优于体验行为。在所有观测要素当中,运动参与者对于体验过程的愉悦度的评价较高,但对多元体验需求的满足度较低,反映出全民健身资源数字化服务环境能够给运动参与者带来新奇的参与体验,但现有的全民健身资源数字化服务建设程度与人们的需求仍然存在一定的差距。

表3-3　全民健身资源数字化参与形态与特征要素测量

因子	因子命名	要素	要素命名	$\overline{x}\pm s$
体验感受	GS	初次体验的印象	GS1	3.51±0.846
		初次体验的意愿	GS2	3.61±0.806
		体验过程的愉悦度	GS3	3.64±0.870
		体验过程的专注度	GS4	3.49±0.904
		持续体验的意愿	GS5	3.59±0.868
		体验过程的满意度	GS6	3.37±0.937
体验行为	YT	体验频率	YT1	3.31±0.988
		体验时长	YT2	3.27±0.972
		多元体验	YT3	3.15±0.917

如表3-4所示,本研究选取了认可度、运动配套满意度、运动体验满意度、综合满意度4项指标对全民健身资源数字化服务的满意度进行测量。调查发现,全民健身参与者对全民健身资源数字化服务满意度的各项指标评价普遍较为良好,其中对于运动体验的满意度较为一般。反映了现行全民健身资源数字化服务能够给全民健身参与者带来良好的全民健身资源数字化外部消费体验,但是针对运动本身的全民健身资源数字化建设工作仍然滞后,还不能够较好地满足当前全民健身参与者的运动参与需求。

表3-4　全民健身资源数字化服务满意度的指标要素测量

因变量	因变量命名	要素	要素命名	$\overline{x}\pm s$
全民健身资源数字化服务满意度	MY	全民健身资源数字化服务的认可度	MY1	3.79±0.733
		配套服务的满意度	MY2	3.86±0.702
		运动体验的满意度	MY3	3.56±0.876
		综合满意度	MY4	3.91±0.725

使用 SPSS 25.0 软件对正式调查问卷的数据进行了可靠性分析。如表 3-5 所示,所有因子的 Cronbach's α 系数均大于 0.7,表明本调查研究问卷具有可靠的信度。

表 3-5　全民健身资源数字化服务满意度调查信度检验

变量	因子	要素数量	Cronbach's α
全民健身资源数字化线上服务形态	便捷性	4	0.913
	内容质量	4	0.914
	交互性	4	0.886
	精准性	4	0.875
全民健身资源数字化线下服务形态	实用性	5	0.911
	便利性	6	0.912
	娱乐性	5	0.921
体验感受		6	0.915
体验行为		3	0.837
全民健身资源数字化服务整体满意度		4	0.857

在本研究中使用 SPSS 25.0 软件的降维分析对模型中各要素的效度进行检验。相关性矩阵的旋转方法为最大方差法,因子提取的方法为主成分法。如表 3-6 所示,通过探索性因子分析发现:KMO 取样适切性量数为 0.990,巴特利球性检验的近似卡方值 $\chi^2 = 10\,230.149$,自由度 $df = 0.990$,显著性 $p < 0.001$,表示各要素之间具有足够的相关性,可以进行效度分析。

表 3-6　全民健身资源数字化服务满意度调查探索性因子分析

要素	成　分									
	1	2	3	4	5	6	7	8	9	10
GS6	0.766	0.138	0.186	0.239	0.181	0.213	0.007	0.076	0.178	0.210
GS1	0.719	0.081	0.255	0.240	0.140	0.138	0.166	0.185	0.107	0.109
GS5	0.699	0.178	0.243	0.194	0.133	0.154	0.017	0.156	0.127	0.154
GS3	0.625	0.183	0.218	0.173	0.160	0.118	0.146	0.109	0.246	0.282
GS2	0.601	0.065	0.378	0.054	0.135	0.004	0.189	0.268	0.202	0.151
GS4	0.466	−0.043	0.316	0.368	0.154	0.159	0.129	0.097	0.239	0.202
BL4	0.059	0.824	0.126	0.098	0.075	0.085	0.220	0.147	0.148	0.097

(续　表)

要素	成　分									
	1	2	3	4	5	6	7	8	9	10
BL2	0.236	0.728	0.343	0.049	0.039	0.075	0.128	0.237	0.082	0.173
BL3	0.171	0.709	0.278	0.235	0.145	0.101	0.168	0.144	0.075	0.072
BL1	0.159	0.686	0.188	0.247	0.197	0.202	−0.036	0.150	0.031	0.107
BL5	0.064	0.551	0.190	0.305	0.031	0.338	0.084	0.142	0.213	0.245
BL6	−0.003	0.527	0.310	0.319	−0.019	0.170	0.171	0.226	0.252	0.168
YL1	0.259	0.229	0.755	0.183	0.147	0.094	0.015	0.078	0.149	0.094
YL4	0.215	0.310	0.742	0.124	0.051	0.116	0.085	−0.015	0.170	0.220
YL2	0.194	0.202	0.728	0.261	0.091	0.168	0.125	0.075	0.196	0.233
YL3	0.344	0.265	0.619	0.158	0.134	0.177	0.152	−0.005	0.196	0.147
YL5	0.304	0.337	0.609	0.163	0.062	0.109	0.049	0.004	0.153	0.017
SY1	0.191	0.206	0.213	0.821	0.136	−0.068	0.102	0.009	0.059	0.048
SY5	0.249	0.309	0.068	0.756	0.131	0.110	0.067	0.206	0.117	0.173
SY2	0.220	0.094	0.371	0.652	0.133	−0.018	0.189	0.055	0.169	0.258
SY4	0.340	0.281	0.186	0.604	0.224	0.066	0.171	−0.006	0.144	0.234
SY3	0.374	0.307	0.114	0.490	0.224	0.090	0.289	−140	0.172	0.083
XX1	0.155	0.125	0.148	0.129	0.821	0.160	0.157	0.256	0.018	0.155
XX2	0.151	0.082	0.089	0.162	0.746	0.227	0.170	0.271	−0.003	0.120
XX3	0.143	0.073	0.133	0.186	0.704	0.259	0.262	0.221	0.099	0.038
XX4	0.216	0.119	0.058	0.138	0.686	0.258	0.220	0.250	0.070	0.121
JH4	0.078	0.153	0.129	0.031	0.119	0.825	0.159	0.184	0.045	0.005
JH3	0.124	0.224	0.030	−0.006	0.300	0.726	0.311	0.154	0.035	0.075
JH2	0.183	0.095	0.135	0.039	0.266	0.705	0.206	0.155	0.019	0.119
JH1	0.185	0.098	0.183	0.012	0.200	0.646	0.264	0.306	0.056	−0.031
GX1	0.078	0.172	0.074	0.167	0.100	0.135	0.802	0.205	−0.042	0.077
GX4	0.087	0.073	0.077	0.161	0.226	0.329	0.722	0.112	−0.037	0.085
GX3	0.158	0.219	0.049	−0.040	0.238	0.254	0.699	0.118	0.114	0.133
GX2	0.109	0.066	0.146	0.226	0.220	0.226	0.679	0.276	0.116	0.078

（续　表）

要素	成　分									
	1	2	3	4	5	6	7	8	9	10
BJ1	0.073	0.144	0.058	0.089	0.240	0.195	0.174	0.787	0.007	0.236
BJ2	0.132	0.271	0.002	0.041	0.305	0.186	0.147	0.767	0.117	0.068
BJ4	0.267	0.197	0.000	0.028	0.294	0.264	0.259	0.654	0.046	−0.007
BJ3	0.151	0.236	0.097	0.072	0.292	0.321	0.237	0.650	0.044	−0.046
YT3	0.148	0.173	0.113	0.166	0.008	0.112	0.168	−0.054	0.802	0.058
YT2	0.310	0.070	0.163	0.093	−0.010	−0.015	−0.016	0.127	0.799	−0.019
YT1	0.135	0.162	0.320	0.083	0.142	0.008	−0.098	0.083	0.767	0.174
MY4	0.301	0.201	0.196	0.156	0.128	0.050	0.030	0.068	0.049	0.779
MY1	0.155	0.099	0.287	0.363	0.194	0.028	0.183	0.200	0.100	0.638
MY2	0.368	0.357	0.201	0.123	0.154	0.022	0.197	0.202	0.064	0.621
MY3	0.378	0.190	0.154	0.274	0.054	0.214	0.224	0.104	0.254	0.442
特征值	4.496	4.238	3.960	3.599	3.415	3.340	3.299	3.137	2.629	2.465
方差百分比	9.992	9.417	8.800	7.998	7.590	7.422	7.331	6.971	5.842	5.478
累积百分比	9.992	19.409	28.209	36.207	43.797	51.218	58.549	65.521	71.362	76.840

本研究使用 AMOS 25.0 软件对数据进行验证性因子分析。验证性因子分析除了能够分析结构模型的有效性，还可以对各变量之间的关系进行分析。通过对表 3-7、表 3-8、表 3-9、表 3-10、表 3-11 的各项指标进行分析发现，CMIN（卡方统计量）、SRMR（标准化的均方根残差）、GFI（拟合优度指数）、AGFI（调整后的拟合优度指数）、NFI（规范拟合优度指数）、CFI（比较拟合指数）、RMSEA（近似误差均方根）等关键指标均达标，表明本研究构建的全民健身资源数字化服务满意度模型适合进行结构方程模型检验。

表 3-7　全民健身资源数字化线上服务形态的验证性因子分析

相关性路径			非标准化	标准化	SE	t-value	CR	AVE
BJ	→	BJ1	1.000	0.832			0.943	0.805
	→	BJ2	1.148	0.890	0.064	17.802***		
	→	BJ3	1.106	0.850	0.067	16.583***		
	→	BJ4	1.102	0.840	0.068	16.298***		

(续 表)

相关性路径			非标准化	标准化	SE	t-value	CR	AVE
XX	→	XX1	1.000	0.922			0.951	0.828
	→	XX2	0.931	0.843	0.048	19.547***		
	→	XX3	0.980	0.824	0.053	18.612***		
	→	XX4	0.917	0.841	0.047	19.416***		
JH	→	JH1	1.000	0.789			0.902	0.697
	→	JH2	1.018	0.796	0.074	13.687***		
	→	JH3	1.150	0.861	0.076	15.043***		
	→	JH4	1.045	0.800	0.076	13.786***		
GX	→	GX1	1.000	0.781			0.908	0.711
	→	GX2	1.138	0.826	0.082	13.886***		
	→	GX3	1.088	0.776	0.084	12.923***		
	→	GX4	1.129	0.811	0.083	13.608***		

注:1) Fit Statistics:CMIN=228.474,p=0.000,CMIN/DF=2.331,SRMR=0.043,GFI=0.904,AGFI=0.866,NFI=0.930,CFI=0.958,RMSEA=0.072
2) *** p<0.001

表3-8 全民健身资源数字化线下服务形态的验证性因子分析

相关性路径			非标准化	标准化	SE	t-value	CR	AVE
SY	→	SY1	1.000	0.806			0.934	0.738
	→	SY2	0.934	0.774	0.057	16.237***		
	→	SY3	1.007	0.776	0.073	13.813***		
	→	SY4	1.065	0.876	0.065	16.334***		
	→	SY5	0.992	0.841	0.064	15.537***		
BL	→	BL1	1.000	0.743			0.924	0.672
	→	BL2	1.199	0.866	0.083	14.413***		
	→	BL3	1.110	0.844	0.079	14.001***		
	→	BL4	1.034	0.825	0.076	13.657***		
	→	BL5	0.966	0.737	0.080	12.041***		
	→	BL6	0.979	0.753	0.079	12.321***		

（续　表）

相关性路径			非标准化	标准化	SE	t-value	CR	AVE
YL	→	YL1	1.000	0.846			0.920	0.696
	→	YL2	1.071	0.886	0.058	18.408***		
	→	YL3	1.049	0.820	0.065	16.108***		
	→	YL4	1.019	0.826	0.063	16.267***		
	→	YL5	0.978	0.774	0.066	14.865***		

注：1) Fit Statistics：CMIN＝240.562，p＝0.000，CMIN/DF＝2.559，SRMR＝0.046，GFI＝0.901，AGFI＝0.857，NFI＝0.929，CFI＝0.955，RMSEA＝0.078
2) *** p＜0.001

表 3-9　全民健身资源数字化体验感受的验证性因子分析

相关性路径			非标准化	标准化	SE	t-value	CR	AVE
GS	→	GS1	1.000	0.832			0.936	0.711
	→	GS2	0.835	0.729	0.063	13.334***		
	→	GS3	1.014	0.820	0.064	15.837***		
	→	GS4	0.913	0.711	0.071	12.892***		
	→	GS5	0.983	0.797	0.065	15.162***		
	→	GS6	1.227	0.921	0.065	18.927***		

注：1) Fit Statistics：CMIN＝23.119，p＝0.006，CMIN/DF＝2.569，SRMR＝0.023，GFI＝0.970，AGFI＝0.930，NFI＝0.978，CFI＝0.986，RMSEA＝0.078
2) *** p＜0.001

表 3-10　全民健身资源数字化体验行为的验证性因子分析

相关性路径			非标准化	标准化	SE	t-value	CR	AVE
YT	→	YT1	1.000	0.816			0.851	0.655
	→	YT2	0.990	0.821	0.082	12.108***		
	→	YT3	0.852	0.749	0.073	11.625***		

注：1) Fit Statistics：CMIN＝0.000，SRMR＝0.000，GFI＝1.000，NFI＝1.000，CFI＝1.000
2) *** p＜0.001

表3-11 全民健身资源数字化服务满意度的验证性因子分析

相关性路径			非标准化	标准化	SE	t-value	CR	AVE
MY	→	MY1	1.000	0.725			0.904	0.705
	→	MY2	1.061	0.804	0.088	12.113***		
	→	MY3	1.016	0.617	0.089	11.397***		
	→	MY4	1.237	0.906	0.100	12.394***		

注:1) Fit Statistics:CMIN=2.611,p=0.106,CMIN/DF=2.611,SRMR=0.011,GFI=0.995,AGFI=0.950,NFI=0.995,CFI=0.997,RMSEA=0.079
2) *** 表示 $p<0.001$

另外,组合效度 CR>0.7,平均变异数抽取量 AVE>0.5,表示全民健身资源数字化服务满意度模型中的各因子的要素的聚合效度较高。

表3-12是全民健身资源数字化服务满意度模型的整体性验证性因子分析的检验结果。本研究对各因子要素的总和量表进行了验证性因子分析,这样能够减小多变量导致的统计误差值。通过分析发现,全民健身资源数字化服务满意度模型的整体性验证性因子分析的 CMIN=302.306、SRMR=0.039、GFI=0.900、AGFI=0.856、NFI=0.920、CFI=0.957、RMSEA=0.064,各关键指标均显示本研究构建的全民健身资源数字化服务满意度模型拟合度较好。

表3-12 全民健身资源数字化服务满意度模型的整体性验证性因子分析

相关性路径			非标准化	标准化	SE	t-value	CR	AVE
线上服务形态	→	BJ	1.000	0.779			0.926	0.757
	→	XX	1.017	0.837	0.072	14.199***		
	→	JH	1.130	0.785	0.086	13.157***		
	→	GX	0.982	0.756	0.077	12.831***		
线下服务形态	→	SY	1.000	0.827			0.906	0.762
	→	BL	1.022	0.788	0.069	14.722***		
	→	YL	1.193	0.832	0.076	15.730***		
体验感受	→	GS1	1.000	0.840			0.934	0.702
	→	GS2	0.857	0.756	0.061	14.118***		
	→	GS3	0.997	0.814	0.064	15.587***		
	→	GS4	0.939	0.738	0.069	13.612***		
	→	GS5	0.941	0.770	0.066	14.363***		

（续　表）

相关性路径		非标准化	标准化	SE	t-value	CR	AVE
体验感受	→ GS6	1.151	0.872	0.066	17.442***		
体验行为	→ YT1	1.000	0.837			0.850	0.653
	→ YT2	0.914	0.776	0.070	13.007***		
	→ YT3	0.854	0.769	0.066	12.876***		
全民健身资源数字化服务满意度	→ MY1	1.000	0.763			0.901	0.696
	→ MY2	0.957	0.759	0.080	12.015***		
	→ MY3	1.268	0.805	0.098	12.883***		
	→ MY4	0.897	0.677	0.070	12.822***		

注:1) Fit Statistics:CMIN=302.306,p=0.000,CMIN/DF=2.071,SRMR=0.039,GFI=0.900,AGFI=0.856,NFI=0.920,CFI=0.957,RMSEA=0.064
2) *** $p<0.001$

另外,组合效度 CR>0.7,平均变异数抽取量 AVE>0.5,表示全民健身资源数字化服务满意度模型中的各因子的要素的聚合效度较高,本研究提取的观测指标对全民健身资源数字化服务满意度调查具有足够的代表性。

为了验证各要素是否在其他因子中产生作用,辨别要素主效能,本研究对全民健身资源数字化服务满意度模型中的各因子进行了区分效度检验。通过表3-13发现,5个维度具有独立性,各要素均能够在所属因子中发挥作用,而在其他因子中的效度较低。

表3-13　全民健身资源数字化服务满意度模型区分效度检验的结果

类别	M±SD	1	2	3	4	5
线上服务形态	3.71±0.619	0.757				
线下服务形态	3.56±0.688	0.580***	0.762			
体验感受	3.54±0.732	0.571***	0.740***	0.702		
体验行为	3.25±0.833	0.262***	0.542***	0.540***	0.653	
服务满意度	3.78±0.637	0.526***	0.744***	0.720***	0.431***	0.696

注:*** 表示 $p<0.001$

本研究采用结构方程模型(SEM)来检验各全民健身资源数字化服务满意度模型因子之间的相关性。与回归分析不同的是,结构方程模型检验可以通过协变量分析确定变量之间的直接和间接影响,有助于系统地厘清全民健身资源数字化服务满意度模型的内部因果关系。此外,结构方程模型可以了解模型误差,并从整体角度进一步验证测量模型与理论模型之间的关系。模型的适用性评估是确定协方差结构模型适合于研究假设的程度的过程。根据本研究假设对整体结构模型进行分析的结果如表3-14所示,关键指标的适应性均为良好或适当。因此证明本研究建立的研究假设与理论模型的总体拟合良好。

表3-14 全民健身资源数字化服务满意度模型拟合度验证

指标	值	判断标准	判断
卡方统计量 CMIN	375.208	—	—
p	0.000	—	—
卡方自由度比率 CMIN/DF	2.661	3~5	适合
标准化的均方根残差 SRMR	0.106	≤0.05	不适合
拟合优度指数 GFI	0.879	≥0.9	可接受
调整后的拟合优度指数 AGFI	0.819	≥0.9	可接受
规范拟合指数 NFI	0.901	≥0.9	适合
比较拟合指数 CFI	0.935	≥0.9	适合
近似误差均方根 RMSEA	0.080	≤0.08	适合
非规范拟合指数 TLI	0.912	≥0.9	适合
增值拟合指数 IFI	0.936	≥0.9	适合

如图3-2和表3-15所示,全民健身资源数字化线上服务对全民健身资源数字化服务体验行为的影响不成立,即全民健身资源数字化线上服务质量并不能影响全民健身参与者的体验时长、体验频率、多元体验。

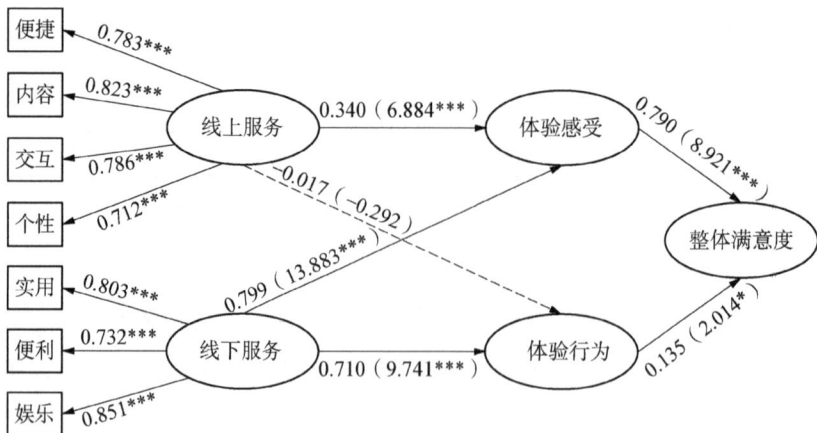

图3-2 全民健身资源数字化服务满意度模型的标准化路径系数

表 3-15　全民健身资源数字化服务满意度调查假设验证结果

相关性路径			非标准化	标准化	SE	CR	p
线上服务形态	→	体验感受	0.511	0.340	0.074	6.884***	0.000
线上服务形态	→	体验行为	−0.023	−0.017	0.079	−0.292	0.770
线下服务形态	→	体验感受	0.833	0.799	0.060	13.883***	0.000
线下服务形态	→	体验行为	0.678	0.710	0.070	9.741***	0.000
体验感受	→	满意度	0.479	0.790	0.054	8.921***	0.000
体验行为	→	满意度	0.089	0.135	0.044	2.014*	0.044
注: *** 表示 $p<0.001$; * 表示 $p<0.05$							

　　本研究分析了全民健身资源数字化的线上服务与线下服务如何对全民健身参与者的满意度产生影响。首先,全民健身资源数字化线上服务能够为全民健身参与者提供相关信息和数据参考,为其做出运动参与的决策提供参考和便利,而全民健身资源数字化线下服务能够为运动参与活动提供行动支持。研究结果发现,全民健身资源数字化线上服务形态与全民健身资源数字化线下服务形态均能够对运动参与者参与全民健身资源数字化的感受产生积极影响。即能够对"全民健身公共服务信息分享→运动参与决策建议→预订全民健身资源→全民健身资源数字化服务体验"的整个过程产生影响,而这一路径恰恰是构建全民健身资源数字化服务满意度的行为过程。

　　其次,全民健身资源数字化线上服务形态、全民健身资源数字化线下服务形态对全民健身资源数字化服务体验行为的影响是不相同的。研究发现,全民健身资源数字化线下服务形态对全民健身资源数字化服务体验行为影响显著,而全民健身资源数字化线上服务形态对全民健身资源数字化服务体验行为并没有显著影响。就全民健身资源数字化线上服务而言,其将在线应用程序应用在体育服务行业当中,例如体育场馆预订平台、微信公众号、微博、网站、App、朋友圈、抖音号、直播平台等。这种营销模式将资源差异的影响降低,体育资源的推广手段与途径的重要性逐渐得到凸显。另外,全民健身资源数字化线下服务形态对全民健身参与者的运动体验影响显著,各种智能设备以及新一代信息通信技术的应用,会给运动参与者带来一种全新的体育消费体验。

　　再次,全民健身资源数字化服务体验感受对全民健身资源数字化服务满意度有显著的影响。体验感受是形成积极品牌态度的变量，尤其是因为它与环境（例如周围环境）有很大关系。最终，使用和满意度理论是通过整体行动来识别提供的信息、特征和期望程度的结果，这些对决定是否使用新技术的过程具有重大影响。

第四章

全民健身资源数字化共建共享空间的研究

随着信息技术的发展,信息共建共享逐渐成为优化公共服务的重要趋势。通过共建共享机制,可以更有效地整合和利用各类资源,提高服务效率和质量。在此背景下,本章深入探讨全民健身资源数字化共建共享空间的概念及其运行规律,旨在通过数字化手段进一步优化区域全民健身公共服务体系的高质量发展。关于"全民健身资源数字化共建共享"的研究,学界和业界的理解尚未统一,且存在不同的视角和侧重点。因此,本章首先对这一概念进行界定,以便为后续研究提供明确的理论基础。研究从狭义和广义两个层面对"全民健身资源数字化共建共享空间"进行了解释。

在狭义层面上,"全民健身资源数字化共建共享空间"是指为全民健身活动提供信息共建共享服务的网站或移动应用软件。它通过互联网、物联网、云计算、大数据和5G网络等信息技术手段,将区域内可用于对外开放的公共体育资源的信息进行收集、整理与分类,并以专门的网站或移动应用软件为媒介平台,为用户提供与全民健身活动相关的信息服务。这类平台包括体育场地预订、体育赛事门票购买、体育商品交易、体育赛事直播、体育彩票交易等功能。此外,经常对外发布全民健身相关信息的社交媒体账号(如QQ、微信、抖音、微博等)及社群也被纳入狭义层面的概念范畴。

在广义层面上,"全民健身资源数字化共建共享空间"是指服务于全民健身中的信息共建共享活动而形成的内部环境和外部环境的集合。从空间地理和系统论的角度来看,这种空间由"人、财、物、组织"等资源共同构建的关联产业空间、运动参与空间、政策环境空间与基础设施空间等子系统组成。例如,全民健身的战略规划制定、人们的运动习惯、全民健身资源的数字化程度、关联产业公司数字化营销水平、区域内基础体育设施的数字化改造程度,以及优质体育赛事IP资源的质量与流量等。

为了区分狭义和广义层面的概念,本研究将狭义层面的"全民健身资源数字化共建共享空间"称为"全民健身资源数字化共建共享平台",缩写为DNFRCP-M(Digital National Fitness Resources Co-construction and shared Platform-

Micro)。而广义层面的"全民健身资源数字化共建共享空间"则直接引用原词，缩写为 DNFRCS-G（Digital National Fitness Resources Co-construction and shared Space-Generalized）。

第一节　数字赋能全民健身资源信息共建共享的背景

进入 21 世纪以来，信息技术得到了飞速的发展，以此为代表的分别是"智慧地球""智慧城市""工业 4.0"和 5G 网络的飞速发展和快速普及应用。2009 年 1 月，在美国工商领袖的"圆桌会议"上，IBM 公司的首席执行官 Samuel Palmisano 提出了"智慧地球"的概念，其主要内容是把信息技术充分应用到各行各业中，即将传感器嵌入医院、电网、铁路、建筑、桥梁、供水系统、油气管道等全球各角落的各类物体中，使其普遍连接形成"物联网"，而后将互联网与物联网连接起来，通过超级计算机和云计算技术对收集到的大量数据进行高级运算和精准呈现，使人类能够更加精细地管理生产和生活，从而使全球达到一种"智慧"的状态。智慧地球有六大"智慧"解决方案：智慧的城市、智慧的电力、智慧的医疗、智慧的交通、智慧的金融、智慧的供应链。智慧地球计划得到了世界各个国家的积极响应，世界各个国家和地区纷纷将建设"智慧地球"工作作为应对金融危机、扩大就业、抢占未来科技制高点的重要战略。同时，各个国家在建设实践中的侧重点是不相同的。例如，韩国比较重视信息通信技术（Information and Communication Technology，ICT）基础设施的建设工作，试图通过建立完善的信息通信技术的应用环境，为市民提供更好的公共服务，并同时促进国内经济的发展和提升城市的竞争力。我国在"智慧民生""智慧管理""智慧经济"等经济社会领域进行了一系列应用项目的尝试性工作。智慧地球的建设工作带动了物联网产业的发展。在全民健身公共服务领域，智慧地球建设使域内的体育基础设施等资源具备了信息通信功能，提高了全民健身信息的传递与共享的效率。

2013 年 4 月 8 日，在德国汉诺威工业博览会上，工业 4.0（Industry4.0）的概念被提出。2016 年 1 月在瑞士达沃斯举办的世界经济论坛中，"第四次工业革命"成为参会代表讨论最多的话题，并在此之后引起了全世界的共同关注。第四次工业革命指的是包括信息通信在内的人工智能、机器人、物联网（IOT）、3D 打印、云计算、大数据、生物工程等多种多样的技术革新基础，它在技术、经济、社会等方面带来了巨大变化。在第四次工业革命中，"互联网连接空间""随时随地按需服务""利用闲置资源""形成共享经济""O2O 模式（Online to Offline）跨越了线上和线下之间的界限""基于地图的空间服务支持"等等,这些服务将给人们的日常生活提供更多的便利。2017 年,欧洲体育创新平台(European Platform for Sport Innovation, EPSI)联合执行董事 Alberto Bichi 认为,至少到 2030 年左右,移动信息技术、云计算、大数据、人工智能等技术仍然会得到快速的发展。5G 网络服务是最近几年才被提出来的新的信息服务模式。2018 年,韩国冬季奥林匹克运动会的赛事组织中,首次试行 5G 移动技术,标志着 5G 技术已经开始正式走进人类的现实生活。

智慧地球战略、第四次工业革命以及目前各个国家正在积极实施的 5G 战略,在这一切的综合影响下,未来全民健身的发展将会面临更多新的机遇与挑战。近几年来,以资源数字化、信息化分享为主题,以网站、移动 App 软件为载体的全民健身资源数字化共建共享平台,得到了政府部门、体育产业公司、全民健身公共服务研究机构等组织的广泛关注。"体育场馆预订平台""体育赛事门票服务平台""运动商城""体育直播平台""体育社交平台""体育培训平台""体育短视频"等各种类型的全民健身资源数字化共建共享平台逐渐被用户所熟悉和接受。这些数字化共建共享平台的涌现,是全民健身与信息产业融合发展过程中形成的必然产物,也将会在较长的一段时间内影响未来全民健身的发展方向。带来的影响主要体现在以下几个方面。

第一,全民健身资源管理机构和体育产业公司通过各种媒体为客户提供高质量的服务和产品,人们可以比过去更容易、更快地获得公共体育服务相关信息。这种便捷的信息服务模式打破了传统的全民健身资源信息传递模式,增强了区域全民健身网络活力,并且已经开始逐渐改变运动参与者的健身习惯和体育消费习惯。

第二,通过搭建全民健身资源数字化共建共享平台,扩大了全民健身资源信息共建共享范围,提升了社会闲置体育资源的利用率。全民健身公共服务产品供给机构或企业借助于这些网络平台,将自己的体育服务和产品,以及闲置的体育资源向外界进行推广,使用户能够更加方便地获取自己周围的全民健身资源信息。这种网络营销的过程提高了全民健身公共服务资源的开放性与社会服务价值。

第三,全民健身资源数字化共建共享平台的搭建过程,实际上就是将区域内的全民健身资源信息进行分类、整理与汇总的过程。通过这个过程,能够有效地将区域内的全民健身资源信息进行数字化整合。在全民健身资源数字化整合以及体育产业网络营销模式兴起的双重作用下,传统的全民健身公共服务空间中的要素、结构与网络必然会发生改变。在新构成的全民健身公共服务空间中,资源仍将作为主要供给产品,同时增加了空间共建共享特征。在这一过程中,有新的要素或子系统被补充进来,也有部分传统的要素或子系统的功能被削弱。因此,全民健身资源数字化共建共享空间的搭建与维护的过程,实际上就是"全民健身政策制定者、资源管理者、体育产业公司、媒介公司、运动参与者等各个主体优化管理方式→整合资源→优化产品结构→形成合作与联动机制→改进服务方式的过程",也就是在全民健身公共服务空间中构建一张更具有开放性、集约性、人性化、智能化与韧性等特点的资源交互网络的过程。

通过文献检索的方式发现,关于全民健身资源数字化共建共享的研究与本研究主题相关的文献很多。但是,大部分研究人员将注意力集中在了体育场馆预订、赛事注册、体育商品交易、体育社交、体育新闻传播、电子竞技平台对抗、体育直播、体育短视频、公众号等某类具体的平台的搭建问题上。研究内容主要涉及:应该使用哪些技术手段搭建这些平台?这些平台应该怎样推广?平台中的信息是怎样传播的?用户获取信息的方式与行为促进作用?用户的满意度调查等。前期学者的研究成果能够为本研究理清思路,提供理论支撑。因此,本研究首先对相关研究文献进行了简单梳理。归纳为以下六个方面:

第一,从网络技术、软件技术、网站设计的角度,探讨如何有效地进行全民健身资源数字化共建共享平台的数据库管理、操作界面设计、用户管理、管理员权限设定、安全保障、标准转换和版权保护等基础内容。由于这一部分的研究内容主要涉及信息通信技术领域研究,与本研究的研究方向不同,所以在文献研究过程中没有做更加深入的调研。

第二,对全民健身公共服务网络信息资源共享平台信息传播途径、特征与方式进行研究。

第三,关于使用全民健身资源数字化共建共享平台的满意度调查。调查对象主要针对三类群体展开,分别是资源提供者、平台搭建者和用户。在针对数字化的全民健身共建共享空间的满意度的调查中,大部分研究人员都是以 TAM 模型(Technology Acceptance Model)或 UTAUT 模型(Unified Theory of Acceptance and Use of Technology)作为理论研究基础。

第四,对用户使用全民健身资源数字化共建共享平台的体验与行为方式进行研究。

第五,从资源开发与利用的角度出发,对全民健身资源数字化共建共享平台中的资源获取途径进行研究,对资源分享者之间的合作机制与合作办法进行研究。例如:1997 年,Soh C. 等提出开发基于 Internet 的系统以及建立企业内部的互联网有助于打破供应者与需求者之间时间和距离的障碍以减少成本、提高生产率。2014 年,杨文正对基础教育信息资源优化配置模式与机制等问题展开了研究,构建了信息化环境下"区域共建共享互换"的教育信息资源配置新型模式,系统地提出技术支持的基础教育信息资源公共服务均等化实现机制。2013 年,韩春民以共享经济为理论基础,构建了基于 IT 平台的文化产业内容共享模型,通过搭建文化产业共享平台,来实现"协作消费"的目的。研究还发现,以共享经济概念为基础,关于金融资产、自然资源、文化资源和人力资源的研究是未来研究的重点。

第六,全民健身资源数字化共建共享对社会发展与经济发展等方面的影响的研究。例如:2016 年,夏元庆研究发现,信息化时代的来临给各行各业带来了颠覆性的影响,体育产业受到影响是显著的,互联网使得体育产业的生态发生了以下变化:技术模式的连接性与数据化趋势,生产模式的社会化与智能化趋势,商业模式的融合化与共享化趋势。李东鹏和梁徐静等在 2017 年研究提出,在信息化发展背景下,休闲体育逐步向多元跨界融合、技术创新、结构优化、互联互通的方向发展,其以强力的顶层设计、先进的发展理念、一流的技术及广博的载体为发展动力,充分利用互联网的技术优势,实现产业的理念创新、模式创新、技术创新与方法创新。

全民健身公共服务体系是一个复合体,体系的发展与区域的经济和社会的发展密切相关,发展与构建更高水平的全民健身公共服务体系能够带动区域经济与社会的发展。从系统经济学和空间地理学的角度来分析,空间的发展离不开空间各要素以及网络结构自身的发展,而同时,各个要素以及空间结构无法脱离其他要素独立存在于空间当中。各要素或各子系统之间只有协同发展,才能够有效提升主空间的发展效能。区域全民健身公共服务空间是区域公共服务空间的一部分,也是国家全民健身公共服务空间中的子系统。在较大程度上,全民健身公共服务体系的发展,离不开区域关联产业空间内的各个要素以及网络结构的自身发展和互动,也离不开关联产业空间以外的其他要素或子系统的配合,例如教育系统、医疗系统、交通系统、供电系统、通信系统等。

从形式上看,搭建全民健身资源数字化共建共享空间就是体育资源管理方将可以向外界开放的资源进行信息化整理,利用网站或者移动 App 软件等工具,进行网络宣传、营销或开展网络服务,即搭建全民健身资源数字化共建共享平台的过程。但是从深层次来分析,在搭建与运行全民健身资源数字化共建共享平台的过程中,传统的全民健身资源管理模式以及空间要素和网络结构已经发生了变化,并逐渐形成了用于支撑信息共建共享活动的全民健身资源数字化共建共享空间,即:DNFRCS-G。

优化 DNFRCS-G 是构建更高水平的全民健身公共服务体系过程中的关键环节。本章重点需要了解以下三个方面的问题。

第一,全民健身资源数字化共建共享对区域全民健身公共服务体系的发展会产生哪些方面的影响?

第二,DNFRCS-G 的构成要素有哪些,空间的网络结构与形态是怎样的?

第三,DNFRCS-G 内部的各个要素和子系统应该怎样运行,才能够促进区域全民健身公共服务体系向智慧、集约、高效、人性化的方向发展?

针对以上三个问题进行文献搜索,查找到的相关文献并不多。在以空间地理和系统科学为理论基础研究公共服务资源配置、分布与治理等问题方面,已有相关学者进行了深入的研究,但是针对全民健身资源数字化共建共享空间优化的研究却少之甚少。

目前,各个国家面对信息产业改革而做出的努力,为本研究的可行性提供了战略依据和实践基础。就本研究而言,除了需要了解不同类型的全民健身资源数字化共建共享空间的建设现状之外,还要重点关注构建全民健身资源数字化共建共享空间对区域全民健身公共服务体系发展的作用机制。

对此,本研究采取了文献研究法、内容分析法、问卷调查法、数据统计分析法、社会网络分析法和个案研究法展开研究,具体如下:

利用中国知网、Web of Science、MEDLINE、Russian Science Citation Index、SciELO Citation Index、Engineering Village 等论文检索平台和数据库,对关于"全民健身""资源配置""信息""共建共享""信息传播""系统科学""空间地理"等方面的研究文献进行研究。在文献研究的基础上,使用互联网搜索工具,对不同类型的全民健身资源信息共享网站和移动 App 软件进行大范围的搜索,通过总结提炼理论成果与实际应用层面可能存在的问题,寻求本研究内容的立足点与创新点。

采用内容分析法中的共词分析法(co-word analysis)提取 DNFRCS-G 的构成要素。共词分析法主要以文献中出现的高频关键词作为研究对象,通过对能够表达某一学科领域研究主题或研究方向的高频关键词共同出现在同一篇文献中的次数,来判断学科领域的研究主题和研究结构。本研究通过集中搜索与本研究主题相关的文献,利用 SATI 3.2 词频分析工具和人工筛选的方式,共收集到 206 篇样本研究文献。通过高频关键词的筛选和提取,共获得了 49 个高频关键词,对收集到的 49 个高频关键词构建矩阵,为之后将要进行的 DNFRCS-G 的空间分析提供支撑。

在构建理论模型和设定研究假设的基础上,结合前期学者及研究人员的相关研究设计了调查问卷。问卷发放对象主要选取了全民健身主管部门的公务员、社会体育指导员、全民健身研究人员等人群。在正式调查之前,本研究根据前期研究结果,制作了预调查问卷,并根据预调查问卷的结果,对问卷的问题进行了微调。正式调查通过在网络调查平台(问卷星)上采用有奖调查的方式进行问卷发放。正式调查共收集到了 451 份问卷,以"问卷调查内容熟悉程度"为标准对收集到的问卷进行筛选,共获得了 356 份有效问卷。问卷调查数据能够为假设的结构方程模型检验提供支撑。

利用 SPSS 25.0 和 Ucinet6.681 软件,对通过共词分析法收集到的高频关键词矩阵数据进行分析。首先,利用 SPSS 25.0 对数据矩阵进行聚类分析和多维尺度分析,了解 DNFRCS-G 的空间维度划分的大概方向。利用 Ucinet 6.681 软件数据矩阵进行"对分"处理,利用 Netdraw 绘图软件绘制高频关键词的社会网络关系图谱,计算社会网络密度和节点中心度等特征指标数据,进一步探究 DNFRCS-G 的主要构成维度划分的合理性。通过比较聚类分析、多维尺度分析和社会网络分析的结果,运用系统的综合微观分析方法,对 DNFRCS-G 的空间要素以及关键词进行第二次提取。利用 SPSS 25.0 软件对问卷数据进行信度分析。利用 AMOS 25.0 软件对问卷数据进行结构方程模型检验,通过获取模型的聚合效度等指标,进一步验证 DNFRCS-G 中各个子系统以及要素间的关系强度。

以 SH 市的 DNFRCS-G 为个案研究对象,通过文献和文件等资料分析,结合政府部门提供的各项统计数据,以及问卷调查收集到的数据,分析 SH 市 DNFRCS-G 的各项要素指标,为 SH 市的全民健身公共服务数字化改革以及空间优化提出针对性的建议。

第二节　现阶段全民健身资源的空间分布与数字化转型现状

目前,关于全民健身资源空间的研究,业界和学界的关注主要集中在战略规划层面、经济层面、社会层面和使用操作层面。不同的学者以不同的理论视角对不同类型的全民健身资源空间样态进行了分析和讨论。但对数字化共建共享空间的相关研究仍处于初步阶段,对于如何系统构建与优化全民健身资源数字化共建共享空间,尚未形成明确统一的观点。本研究结合现有研究的代表性观点,详细分析了全民健身资源数字化共建共享空间构建的本质特征和基本内容,同时用系统思考和空间审视的方法对广义概念的 DNFRCS-G 内部要素之间的关联和网络结构运行机制进行了分析。

一、体育产业在全民健身资源空间中的作用机制

体育产业是随着经济和社会发展达到一定程度,在体育供给和体育需求共同作用下形成的事业类型,是现代体育运动发展到一定程度后出现的自然产物。体育产业是在 19 世纪中后期因英美两国的体育商业化和职业化而首次出现的,到了 20 世纪中叶,西方主要发达国家的大众体育消费逐渐平民化,并逐步实现了生活化,促使体育产业在全球范围内迎来了快速发展,而且日益成为众多发达国家经济体制中不可缺少的一部分,这成为其国民经济发展充满活力的增长点。对于体育产业的定义,学界解释如表 4-1 所示。

表 4-1 对体育产业定义的梳理

相关学者	内　　容
Shank M. D. (1999)	体育产业由体育消费者、体育商品和体育商品提供者三个主体组织组成。其中,体育消费者包括:用户、运动参与者、企业业主;体育商品包括:体育比赛或活动、体育物品、运动课程、体育信息;体育商品提供者包括:体育商品的所有权、体育协会组织、赛事或活动的赞助商、媒体、代理公司、设备制造商。
Brenda G. 等 (2013)	体育产业是销售与体育相关的商品和服务的行为,包括体育比赛、设施、服务甚至思维方式。
Mary A. Hums 等(1999)	体育产业是一个非常广泛的概念,包括多种类型的经营活动,如职业体育、体育健身、装备管理和民间体育等多种形式。
Meek A. (1997)	体育休闲娱乐:体育比赛、运动队或个人参加的休闲体育活动。 体育用品和服务:体育用品的设计、运动实验、运动用品和设备的制造、运动用品和设备的销售。 机构:体育组织、体育联盟、体育企业、体育营销组织。
Li M 等(2001)	以体育赛事为中心,认为六种类型的辅助产业共同构成了一个完整的体育产业框架。包括:①管理和立法(体育法规)协会;②体育用品制造商、批发商和销售商;③体育设施和建筑;④体育媒体;⑤体育经营企业;⑥体育协会和行政机关。
郑相元,朴基柱 (1995)	是指围绕不断扩大的生活领域,切实满足消费者体育消费需求的产业。
宋永平(2004)	以体育产业自身价值和本质功能为资源,提供体育服务商品的各领域服务的集合体。
韩王泽(2016)	提供应对体育活动的财货和服务的产业。
谭有有(2017)	包括主体产业和关联产业。
杨铁黎(2015)	根据体育产业的结构性变化,体育产业可视为社会提供体育服务的多个产业的集合体,包括主体产业及关联产业、扩张产业、周边产业。

与此同时，各国对本国体育产业的标准也不尽相同。如表4-2所示，英国体育产业研究中心从六个方面对体育产业外延进行了定义。

表4-2　英国体育产业研究中心对体育产业外延的定义

序号	类型	解释
1	家庭	指的是有成员从事体育活动的家庭。
2	商业体育机构	参与各类体育比赛或者活动的一些企业或者媒体。
3	商业性非体育机构	指的是向体育部门或者家庭提供商品或服务的非营利性部门，包括教育部门等。
4	志愿部门	指的是志愿参与的各类非营利组织机构。
5	政府	指的是参与体育活动的各级政府。
6	海外	从事进出口贸易的体育产品贸易商。

资料来源：根据英国体育产业研究中心资料整理(GlobalData，2017)

1992年以前，我国几乎没有出现过体育产业的概念。直至中国共产党第十四次全国代表大会正式提出了建立社会主义市场经济体制的目标，我国政府相继颁布了一系列培育第三产业的政策，至此体育产业逐渐受到学界的关注。2006年，国家体育总局开始实施"中国体育及相关产业统计研究"工作，2008年6月18日颁布了《体育及相关产业分类（试行）》标准。2019年3月13日，国家统计局发布了《体育产业统计分类（2019）》，如图4-1。

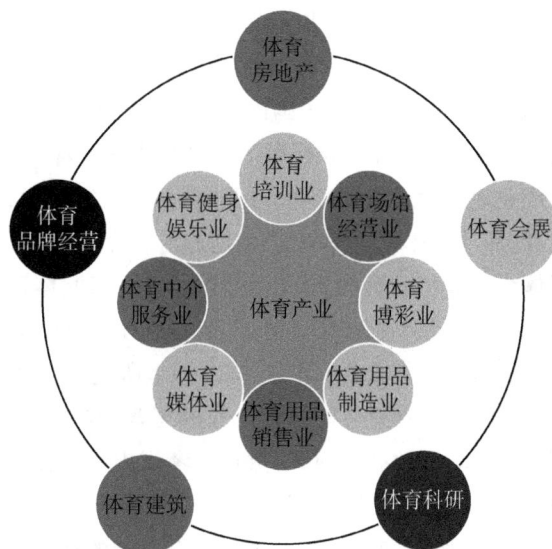

图4-1　中国体育产业统计分类图

资料来源：根据《体育产业统计分类（2019）》整理(国家体育总局体育器材装备中心，2019)

《体育产业统计分类(2019)》是基于我国在该阶段所正在实施的《国民经济行业分类》(GB/T 4754—2017)而编制的。在此之后,我国政府又颁布了《国务院关于加快发展体育产业促进体育消费的若干意见》《国务院关于印发全民健身计划(2016—2020年)的通知》《国务院关于印发全民健身计划(2021—2025年)的通知》《国务院办公厅关于加快发展健身休闲产业的指导意见》《国务院办公厅关于促进全民健身和体育消费推动体育产业高质量发展的意见》等政策,确定了体育产业的基本范围。

美国是体育产业最发达的国家之一,也是开展体育产业研究最早的国家。虽然在联合国发布的《全部经济活动的国际标准产业分类》(International Standard Industrial Classification of All Economic Activities)的产业标准分类中,体育已经进入正式产业(代码:9241),但美国并没有对体育产业进行单独的分类。美国体育产业的大量统计内容进入了不同的产业部门。美国统计局在产业统计过程中没有单独对体育产业的统计数据进行整理。2019年美国丹佛大学的产业研究机构根据北美工业分类系统NAICS的统计,将体育产业分为以下四类:第一,体育和体育用品制造业(SIC:3949)。第二,体育用品销售点(SIC:5941)。第三,运动队(SIC:7941)。第四,其他休闲娱乐业(SIC:7999)。

初期韩国的体育产业是从体育器械领域开始的。20世纪60年代初期,韩国的体育器械制造能力很弱,但进入20世纪80年代初期,韩国的体育用品领域变成了更加专业的企业类型,进入20世纪90年代初期,韩国体育产业得到政府的积极支持,与制造业、批发零售业、服务业等传统产业相结合,政府提出将体育产业打造成21世纪具有无限发展潜力的新兴产业的战略愿景。20世纪90年代末,韩国政府发表的相关政策刺激了国内体育产业的发展。这一时期信息产业和媒体产业的飞速发展同时也带动了体育产业的发展。2007年,韩国文化体育观光部将体育产业定义为通过生产和分配体育活动所需的商品和服务(如商品、设备、体育比赛、活动和体育教育课程)来创造附加价值的产业。之后韩国统计厅先后发布了体育产业特殊分类v1.0(统计厅,2000.1)、体育产业特殊分类v2.0(统计厅,2008.6)、体育产业特殊分类v3.0(统计厅,2012.12)。

体育产业对全民健身具有重要的推动作用,如上所述,从体育产业的定义和分类来看,到目前为止,学界和业界对体育产业的理解仍然存在差异,体育产业分类也各不相同。结合本章的研究内容,重点参考国内外对体育产业的分类标准后,本研究将按照以下原则对体育产业的概念进行界定。

第一,坚持国民经济特点和相向性原则。体育生产的社会功能是为了满足人们参与体育的要求。为了实现这一功能,体育必须包括物质商品和服务商品的生产,物质商品的生产和服务商品的生产要实现统一。因此,无论是以满足社会大众对运动参与需求为中心的体育商品生产活动,还是服务生产活动,都是体育生产活动,从事体育商品生产活动的企业或组织共同搭建了全民健身资源空间。一个体育产业企业或体育协会组织是否服务于全民健身,不是由行政从属关系决定的,而是由这些体育产业企业或体育协会组织是否具备全民健身资源生产和提供服务来判断的。

第二,避免重复统计原则。本章对体育产业进行统计的目的是论证体育产业在全民健身公共服务体系中的地位和作用,因此,在对体育产业的统计过程中,必须以服务于全民健身为目的,正确界定体育产业的边界,最大限度地避免重复统计。

第三,根据产业经济学的关联理论,对体育产业进行了界定。根据产业结构分析的理论框架和方法论,我们可以理解体育产业为一组企业与组织的集合,它们共同生产与体育活动直接相关或与体育产业商品用途一致的产品和服务。这些企业与组织通过其产品或服务的相似性,在市场中形成了特定的产业集群。即体育产业是指为满足大众对体育活动的需求,从事体育商品生产和服务生产的企业和组织的总和。其次,坚持对其产品或服务应用于全民健身各项活动的运用性和实用性,不拘泥于理论的严密性。

根据以上原则,本研究认为:全民健身公共服务体系中的体育产业是以社会多个机构或企业提供的各类型的体育赛事或活动为媒介,满足运动参与者对运动健身需求的要求,为全民健身资源空间提供多种体育商品和服务的所有产业活动集合。

二、理念孵化与平台发展现状

在 20 世纪 80 年代之前,信息的传播和获取主要依赖于传统的媒介,如图书、报纸和电报等。然而,随着 20 世纪 90 年代的到来,特别是在工业化国家,信息化开始迅速发展,信息的范畴和内容也随之不断扩展和丰富。体育信息领域也不例外,经历了类似的演变过程。体育信息不再局限于简单的赛事结果和新闻报道,而是涵盖了包括运动员表现、健康健身指导、体育科学研究、体育产业分析等多方面的深入内容。关于"共建共享"这一概念,根据 Merriam-Webster 词典的定义,它指的是两个或两个以上个体共同参与拥有、使用、完成、体验或实现某事物的过程。在当代社会,共建共享的理念已被广泛应用于多个领域,强调合作与共享资源的重要性,以实现共同的目标和利益。在体育信息的共建共享方面,这可能涉及体育数据的收集、分析和传播,以及体育知识的普及和教育等多个层面。通过共建共享,可以促进体育信息资源的有效整合和利用,提高体育信息的质量和可访问性,从而为更广泛的社会群体提供服务和价值。Wikipedia 称共建共享是资源或空间的共同建造和使用。狭义上的共建共享是指联合或交替创造和使用某种商品,广义上的共建共享是指包括建设有使用权的商品,给予共享者免费使用非竞争性商品的权限,例如信息资源。共建共享是不同主体之间的分担、参与、共享、使用,是代价与收获、贡献与利益的共存。资源共建共享是指通过优化整合和合理配置不同资源主体拥有的资源,实现这些资源在不同程度上的共同创造、相互分享的过程。

共享性是信息资源的自然特征和本质特征,这些特征不受人为干扰。随着全民健身公共服务体系的不断发展,这种自然的信息共享性已经增加了一定程度的人为特征。其代表性事例就是公共信息资源的利用,此时共享是相对的,这种相对的共享性也可以很好地解释信息资源稀缺的基本事实。

20 世纪 90 年代,随着网络技术的广泛使用,世界各国经历了记录管理、信息资源管理、知识管理等发展过程。因此出现了许多信息资源共建共享型组织和系统,诸如美国的 OCLC(Online Computer Library Center)、英国的 JISC(Joint Information Systems Committee)、日本的 NII(National Institute of Informatics),以及中国的 CALIS(China Academic Library & Information System)和 JALIS(Jiangsu Academic Library & Information System)等组织,通过在地区或特定行业间的协助与合作,成功构建了多个信息联盟,并在此过程中取得了显著成就。这种类型的信息共建共享行动建立在资源、平等、互惠的基础上,通过相互之间的合作,利用现代化技术、科学方法和合理途径,共同开发多种信息资源,说明共同建设和共同利用,可以最大限度地满足人们对信息资源的需求活动。

在信息共建共享的互惠论中,认为共享是指"分配或贡献所有有助于他人的事物"。信息共建共享较为准确的含义是指合作伙伴关系,即所有成员都可以为其他成员提供有用的东西,并且在其他成员需要这些东西时愿意提供帮助。影响信息共建共享的因素主要有两个方面,其一是组织内人的行为和态度,其二是组织内不同机构或个人之间工作的协同性。

大多数研究学者认为,信息共建共享的理念在体育公共服务领域的应用,不仅增强了服务的活力,还极大地拓展了服务的覆盖范围和深度,为体育事业的可持续发展提供了强有力的支持。体育组合模式用于解决体育公共服务管理方运营困难状况的问题,其具体对策包括:成员之间的信息交流与共享、提高成员的管理能力、合理分配、获得地区政府的支持与协助进行管理、构建地区内合作网络包括积极发展会员等。ICT 基础建设可以有助于全民健身公共服务的发展,增强体育产业企业的市场化能力,但是,通过互联网网络系统的开发过程,体育相关信息的有效连接和共享以及系统的有效管理和运用成为目前面临的首要问题,因此,国家需要开发和培养大量的体育＋信息跨学科能力人才。另外有学者认为,在举办大型体育赛事的过程中,有必要利用地理信息系统(GIS)为体育赛事提供服务。例如在中国长春第六届亚洲冬季运动会中首次设计开发了公众服务地理信息系统。结果显示,该地理信息系统为工作人员、运动员和观众提供了实时服务,为体育赛事服务带来了便利。

全民健身资源数字化共建共享平台是全民健身资源数字化共建共享空间中的实体载体,同时也是虚拟的共建共享载体。平台最早被用作表示平面物体的词语,例如火车站月台、跳台、工作台等。随着词义的演进,平台这个词的概念扩大了,更多的人将平台理解为在线平台或 IT 操作系统。但在社会学、经济学和管理学等学科中,平台可以说是为提供多种系统或服务而共同和反复使用的基础模块,是实现某种服务的一种基础。数字化共建共享空间的存在意义在于形成双边或多边的资源交换伙伴,在进行资源交换的过程中进行资源整合,最大化平台内用户的利益。平台具有需求合作、需求者规模经济、基础性和共享性、知识的重复使用和创新性、创造性 5 个基本特征。

共享的概念很早就形成了,比如朋友之间互相借东西,或者把信息告诉别人等。这种传统的共享形式受到了空间和人际关系两种影响。1978 年,Marcus Felson 和 Joe L. Spaeth 首次提出了共享经济一词。共享经济的主要特征是由第三方构建的,是以信息技术为基础的市场平台。这些第三方可以是商业企业,也可以是研究中心、组织或政府部门。个人可以利用这些平台进行多样化的交流与合作。他们不仅可以交换自己不再需要的物品,实现资源的循环利用,还可以分享个人的专业知识、经验或见解,从而促进知识的传播和智慧的汇聚。此外,这些平台也为企业家和创新者提供了展示和讨论他们新项目的机会,帮助他们通过社群的力量筹集资金,推动创新项目的发展。

从概念来看,共享是将以前的技术手段或受商业模式制约而无法参与经济活动和经济流通的生产生活资源,通过新的技术手段和商业模式参与到经济活动和经济流通中,重新产生了经济价值和社会效益的经济模式。也就是说通过扩大闲置资源的使用权,使闲置资源得到正确的匹配和连接,实现生产要素的社会化,提高资产存量的使用效率。共享形成的资源流转环节是动态的生态圈。每个用户可以是全民健身资源空间中的使用者,也可以是资源提供者。即个人、企业或机构都可以成为全民健身服务的提供者和需求者,这种方式开启了整个全民健身公共服务的无限发展能力。

从理论上讲,在共享体制下,人们经常有偿或无偿地将拥有的体育资源借给别人,这可以使闲置资源得到更有效的利用,从而提高资源的整体利用效率。但实际上,更多的体育企业所说的共享经济不是对闲置资源的利用,而是为了制造用于共享的商品,这种共享的本质就是租赁经济。

虽然对于共享经济这一概念,一些经济学家有所担忧,但现实是,利用第三方共享平台进行商业活动已经给传统产业的营销方式带来了变化。特别是2000年以后,随着互联网的迅速发展,各种虚拟在线网络、BBS、专栏等大量出现,而且此后社会性网络服务(Social Networking Services,SNS)平台受到了广大用户的喜爱。用户通过网络平台讲述自己的观点,分享信息,改变了传统的人与人之间的沟通方式。与此同时,B2B、B2C、O2O等网络营销模式受到市场关注。经济领域的共建共享主要包括三个主体:商品的需求者、商品的提供者和共建共享平台。共建共享平台是连接需求者和提供者两者的纽带。目前,网络营销已成为多家体育资源管理者进行形象宣传、产品推广和产品营销等的主要手段。

平台的商业模式有三个本质:第一,复杂的系统性。商业模式由基础、服务、交易、价值四个部分组成。在构建一个完整的平台的过程中,不应该把这些部分作为独立的模块进行研究,而应该关注整体要素之间的连接关系,保持动态平衡。第二,价值逻辑。平台的商业模式就是平台企业有效地连接客户和供应商,实现价值创造、价值传递、价值分配及价值实现这一环节。第三,平台商业模式各模块之间要素的关系。在平台业务中,必须把握好平台中各要素的利益关系,有效地将它们结合起来进行价值传递和价值分配。如果需要各要素之间的新组合,就必须与新的商业模式相匹配。

通过查阅多个文献发现,关于信息共建共享的研究文献较多,但专门针对全民健身资源数字化共建共享空间的相关研究还不完善。其中,对体育商品O2O平台的研究占比较大。相关学者的研究成果为本研究提供了理论依据,拓宽了本研究的研究方向。因此,本研究首先对全民健身资源信息共享的文献进行分析。

目前,我国全民健身资源数字化共建共享空间的构建正处于从萌芽期向成长期转变的阶段,其发展速度很快,发展空间很大。随着信息技术的不断发展,在工业4.0的发展过程中,全民健身公共服务的发展与互联网、云计算、大数据等关键词关系更为密切。与此同时,在体育产业数字化转型升级的推动下,信息技术已经快速渗透到全民健身公共服务的各个方面。例如,体育设施的预订、体育赛事门票预售、体育赛事宣传、体育实时转播、体育媒介服务、社交运动等数字化共建共享空间已经被社会广泛接受和应用,信息共建共享已经成为带动全民健身公共服务高质量发展的重要途径。

全民健身公共服务与体育产业和信息产业等关联产业的融合是全民健身信息服务高质量发展的必然趋势。目前,世界各国都处在社会发展和国家经济结构变化的关键时期,全民健身战略能够较好地推动体育产业的发展,其资源共建共享、信息传播渠道共建共享等在其中扮演着重要的角色。在市场经济的推动下,大量的资金和人才流入全民健身的关联产业领域,跨界营销、众筹、O2O 等新的商业模式逐渐在全民健身的社会活动和经济活动中得到应用,而且人们对这一领域的研究热情也在持续上升。全民健身与信息产业和体育产业的跨界融合是全民健身公共服务升级的客观需要,其目的在于实现体育产业升级,形成体育产业新生态空间,并最终构建更高水平的全民健身公共服务体系。

2003 年,未来学家 Graham T. T. Molitor 提出了休闲时代的概念,认为休闲将成为 21 世纪经济发展五大驱动力量中的第一引擎。运动和休闲是不可分割的关系,在经济和社会发展的推动下,近年来各个国家的全民健身公共服务体系和关联产业体系都在快速发展,特别是各种全民健身资源数字化共建共享平台的出现,加快了各类体育资源的流通速度,人们对体育的消费热情空前高涨,致使全民健身资源数字化共建共享平台已经成为全民健身以及关联产业高质量发展过程中不可或缺的工具。

在全民健身与其关联产业联动的过程中,社会体育的发展离不开各种类型的网络信息服务平台。全民健身资源数字化共建共享平台促进了全民健康的发展,为社会体育科学发展提供了基础。重新整合体育资源信息,提高公共体育信息服务供给水平,利用互联网、物联网等网络技术,注重投融资引导是当前全民健身资源数字化共建共享平台建设的主要内容。在前一阶段,以体育为主要内容的 O2O 平台快速发展,2016 年,Young Jun Kim 等通过构建信息接受模型,对用户使用体育 O2O 服务的意图和影响因素进行了分析,用户的健康意识对其对某项服务或产品的有用性认知产生了显著影响,这表明当用户越关注健康时,他们越可能认识到服务或产品在促进健康方面的价值。然而,有趣的是,用户的健康意识并未对其可用性认知产生影响,意味着无论用户的健康状况如何,他们对服务或产品的易用性和可访问性的评估保持一致。这一发现提示我们在设计和推广健康相关的服务或产品时,应更多关注于如何提高其实际效用,同时也不应忽视易用性设计,以确保所有用户都能无障碍地使用。相反,发现用户的健康修养会影响使用性认知,但对使用性认知对其没有任何影响。有用性认知直接影响用户提供体育信息服务的意图,但可用性认知没有任何影响。2013 年,Theodore A. Vickey 等人设计并测量了健康管理应用程序及收集和管理社交网络中运动管理数据的工具,阐述了在健康管理信息平台整体框架中应该增加宣传和应用两个模块,健康管理中心、健康评估系统应该包括电子病历报告书、运动处方等内容。因此,他们花了 6 个月的时间收集了 5 种移动健康管理应用程序(Nike＋、MyFitnessPal、Run Keeper、Daily Mile、Endomondo)公开分享的推特的 280 多万条信息数据,并进行了处理和分类。研究表明,通过移动健康管理应用这个关键词可以收集到大量的信息,包括用户的使用习惯、运动频率、训练位置以及整体锻炼情绪。2012 年,Villiard Hope 和 Moreno Megan A. 研究发现,对于几乎占一半的学生来说,肥胖成为一个挑战性的问题。为了解决这些复杂的健康问题,必须使用新的方法。该项研究发现,有 94％的大学生会使用 Facebook 的个人简介模块编写自己的简要介绍,为此 Facebook 为大学生开放提供了健康信息和健康行为分享的场所,在用户的个人资料中加入健康信息会影响大学生的健康管理行为,Facebook 也成为大学生改善健康管理行为的创新场所。

目前我国全民健身正在享受移动互联网所带来的红利,如流量、用户习惯、支付通道等,阿里体育、腾讯体育、新浪体育、智美体育、PPTV 体育、大麦票务等公司,更是借助了互联网才成为超级体育传媒公司。数字化已经成为我国全民健身公共服务乐于接受的一种信息供给方式。

2014 年,国务院在《关于加快发展体育产业促进体育消费的若干意见》中提出,优化产业布局和结构,大力发展体育服务业,加强体育品牌建设,推动科技成果产业化,构建大众体育服务信息平台,推动大众体育网络化信息化的发展。在此之后,我国又针对体育产业发布了多项政策文件,所以从 2015 年开始,我国体育产业和全民健身战略迎来了"高需求、大产值"的蓬勃发展期,并开始了"井喷式"的发展。根据体育 BANK 发布的《中国国际体育投融资报告(2018)》,在 2016 年,获得融资的企业主要集中在体育培训、体育赛事、体育营销、体育场馆、体育科技和媒体及直播平台六大领域。通过网站、App 搜索的方式了解到:目前,中国只有极少部分的经济发达城市搭建了全民健身信息数字化共建共享平台。而且,从平台信息资源量、用户熟悉程度等直观指标来看,各省市全民健身资源数字化共建共享平台的建设质量和建设水平仍较低。

为了更加准确地分析全民健身资源数字化共建共享平台的网站建设效果,在前期调研中,以"身边的体育场预订"类的全民健身资源数字化共建共享平台为例,分别选取了中国和韩国具有代表性的网站进行观察(表 4－3)。查询工具为 Similar Web 网站分析平台。

表4-3　全民健身资源数字化共建共享平台流量分析

网站名称与网址	网站介绍与流量统计					
动网 www.dongsport.com	网站介绍	专业的体育场馆在线预订平台,提供全国数十万家体育场馆预订,运动场地预订服务以及户外运动信息。				
	停留时间	41 秒				
	网页浏览量	15.83				
	每月访问量	33 571	8 744	5 321	6 734	4 761	43 033
		2022.9	2022.10	2022.11	2022.12	2023.1	2023.2
首尔信息网 www.sisul.or.kr	网站介绍	为市民提供各种活动和服务信息。				
	停留时间	120 秒				
	网页浏览量	2.81				
	每月访问量	95 533	110 073	79 965	75 305	75 942	67 053
		2022.9	2022.10	2022.11	2022.12	2023.1	2023.2
群体通(广州) www.quntitong.cn	网站介绍	由广州市体育局投资建设的集全市公共体育场馆、全民体质监测、体育辅导、群体活动、体育组织和体育爱好者互动等信息、功能于一身的综合信息平台。				
	停留时间	43 秒				
	网页浏览量	7.31				
	每月访问量	515	1 779	2 023	562	106 286	489
		2022.9	2022.10	2022.11	2022.12	2023.1	2023.2

表4-4统计了以平台流量为指标,体育直播平台中排名前五的情况,用户平均访问时长在2分56秒至13分10秒区间,平均跳转页面为3.37~8.29个之间,说明排名前五的体育直播平台的访问便捷性与吸引力较强。

表4-4　体育直播平台流量指标前五排名

序号	网站	类别	平均访问时长(时:分:秒)	页面/访问	跳出率
1	Twitch	直播	00:06:59	4.02	32.93%
2	Discord	直播	00:07:49	6.45	50.20%
3	Roblox	直播	00:13:10	8.29	26.10%
4	Steam community	直播	00:03:40	3.37	55.64%
5	Steam	直播	00:02:56	3.66	53.95%

在专业的电子竞技直播平台中,MLG(Major League Gaming)游戏直播平台得到了电子竞技爱好者的热爱。MLG 平台是专门从事"Call of Duty""Overwatch""Gears of War""World of Warcraft""Hearthstone""StarCraft""Halo"电子竞技游戏直播的平台。由于平台的专业性,MLG 平台拥有了一批忠实的用户,并得到体育产业投资市场的广泛关注。

综上所述,伴随着体育产业在国家经济与社会发展中所占的比重越来越大,以及电子竞技运动逐渐被重视,体育直播平台仍有较大的发展空间。通过表4-3 和表 4-4 的网站分析的结果和前期进行的网站、App 搜索发现,国外发达国家及地区全民健身资源数字化共建共享平台搭建较为完整,并保持着较高的网站点击率。通过对比发现,我国各城市内的全民健身资源数字化共建共享平台"网站设计质量""信息资源的覆盖率""区域平台的建设比例"等指标落后于国外发达国家。

全民健身资源数字化共建共享平台是全民健身资源数字化共建共享空间的重要组成部分,需要对其进一步进行系统研究。通过文献调研,前人对全民健身资源信息共享或体育信息共享的研究比较深入,涉及了资源信息共建共享的各个环节。研究人员普遍认为,信息的共建共享有效地引导了信息的流动,提高了生产效率和服务质量,同时也拓宽了运动群体之间沟通的渠道。但是现有的大部分研究都只是从宏观和微观的角度进行的。在宏观方面的研究中,信息共建共享的必要性和价值等方面的研究较多。微观方面的研究集中在"如何构建实体数字化共建共享软件或平台"的具体问题之上。其中,对全民健身资源数字化共建共享平台的研究,大部分文献集中体现在全民健身公共服务平台和体育商品贸易平台上。随着现代信息通信技术的飞速发展,全民健身公共服务各主体之间的关系越来越密切,沟通越来越方便。为了更有效地体现这种沟通,有必要进一步对全民健身资源数字化共建共享所形成的空间进行探究。

第三节　全民健身及相关产业融合发展探索

从"二战"结束到现在,全球体育的生存方式和运行形式已经完成了新的变化。这次的变化在我国主要表现在以下两个方面。第一,国家体育事业的重点从举国体育转变为全民健身促全民健康。第二,重视体育政治功能的社会背景转变为经济和文化功能。强调体育对国民经济的影响,把发展体育事业的目的放在满足大众对更高水平体育要求上,为国内的市场经济和国际市场提供具有竞争力的体育服务商品和物质商品。换句话说,我国的体育事业运行的模式已经从重竞技向全民健身转变,体育作为一种新的产业正在成为新的经济和社会的增长点。文献调查发现,关于全民健身与体育产业、信息产业等关联产业的融合发展的研究文献主要分为三类:第一,对融合发展的战略和规划的研究。第二,对融合发展的形式、措施、合作管理模式等进行研究。第三,对融合发展的保障体系进行研究。

大数据技术等新的信息网络技术解决了以往 IT 技术在全民健身公共服务发展中出现的各种技术问题,能够更快地上传、共享各种体育信息数据,为 IT 技术与全民健身关联产业的快速融合发展奠定了技术基础。尤其是信息产业与体育产业之间的融合,在此背景之下,体育产业结构调整和转型升级成为不可避免的时代问题。要充分利用网络媒体的作用,在全民健身公共服务空间各要素间建立新的伙伴关系。通过数字化的营销,将公共关系和信息系统泛化,收集和扩大全民健身各类资源信息的数字化整合。

在沟通效率方面,信息共建共享推动了全民健身协会组织的信息化管理,他们利用信息共建与共享的方式,将创意力量和高新技术的发展改革应用到现代体育发展的实践中。通过多种类型全民健身资源数字化共建共享空间的构建,使全民健身形成新的发展方式和形态。这些变化也是对全民健身与体育产业结构重新构建的标志。信息共建与共享不断打破全民健身公共服务体系现有的活动结构,传统公共体育供给与发展模式正受到新的信息技术的影响。特别是体育新媒体行业,通过电视媒体传播体育赛事的方式受到了网络实时转播的影响,体育赛事网络实时转播平台的出现,不仅让用户更方便地观看体育赛事,还让用户获得以沟通的形式观看体育赛事的新体验。

如今,用户各种全民健身资源数字化共建共享空间中的信息传递行为,为他们参与体育锻炼方式提供了便利。城市全民健身公共服务体系的发展离不开 5 个要素,分别是城市交通系统、信息通信网、体育产业营销活动、体育基础设施建设和体育文化氛围。全民健身与体育产业和信息产业融合发展是必然趋势,全民健身公共服务应该充分利用互联网、大数据和软件工程。

2018 年,李智贤(Lee, J. H.)等对 330 名从未通过网络平台购买过体育用品的人进行的调查结果显示,体育用品网络服务潜在地影响用户态度和使用意愿。合理有效地使用网络平台进行体育产业营销,成为体育企业回收投资的重要方式。由于信息技术的快速发展,数字化共建共享平台已经成为人们生活中不可或缺的一部分。网络平台的网络营销具有预算少、传播速度快、丰富媒体、提高沟通效率、潜在市场大的优势,已成为现代体育产业营销活动中的常用方式。

新一代信息通信技术的广泛应用,使全民健身的体育设施资源与数字化共建共享空间有更紧密的联系。如今,各国都在积极地对本国的基础体育设施进行技术提升。第一阶段的升级是体育资源的数字化整合,利用 IT 技术,将体育资源数据上传到互联网上,方便公众查询。第二阶段的升级是在基础体育设施中安装传感器等信息通信设备,使体育资源具有反馈信息的功能,使体育资源的状态信息实时反馈并收集到信息采集平台上。第三阶段的升级是不同类型信息采集平台的融合,实现同一行业之间的交换共享,形成社会资源的整合。新一代信息通信技术不仅提高了体育资源信息的传递效率,节约了能源,提高了管理效率,而且在提供舒适环境的同时,提高了服务内容的质量和用户的体验感。

综上所述,全民健身与体育产业和信息产业融合发展得到了社会各界的广泛认可和关注。目前,关于全民健身与体育产业和信息产业融合发展的研究集中在对其内容的分析、模型构建、系统保障等方面。对于数字化共建共享空间试图促进全民健身公共服务体系发展方面,今后要立足于广大研究人员当前面临的时代背景,依托科技信息产品促进全民健身与体育产业和信息产业融合发展。

第四节　全民健身资源数字化共建共享空间的系统性分析

本研究通过系统论和空间地理方法将 DNFRCS-G 理解为一个空间。这一空间的有效运行依赖于各个子系统的管理和控制,以及全民健身与体育产业和信息产业融合发展的趋势及其他外部空间的影响和控制。2023 年,MC Jackson 提出了"有生命力的系统模型(SVM)",认为复杂系统应该由五个子系统组成:执行系统、协调系统、操作系统、开发系统和政策系统。本研究基于 SVM 模型的原理解释了 DNFRCS-G 模型中的通信和控制原理。系统科学理论为理解复杂事物提供了一种整体的方法,是分析全民健身资源数字化共建共享空间和优化 DNFRCS-G 模型的核心理论。空间与系统的一般定义用于理解 DNFRCS-G 的基本起点。其中系统科学理论中的复杂系统层次理论是分析 DNFRCS-G 结构特征的理论基础。复杂系统的通信与控制理论是分析 DNFRCS-G 各个子系统之间关系的理论基础。复杂系统分析方法是本研究拟构建的 DNFRCS-G 模型的基本思想和方法。

为了理解 DNFRCS-G 的要素组成和结构,本研究利用共词分析法、社会网络分析法和数理统计分析法对 DNFRCS-G 的组成部分进行了分析。从政策实施空间(指向政策的制定)、运动参与空间(指向全民健身各类型活动)、关联产业空间(指向关联产业活动)、数字媒介空间(指向信息的传递)、资源配置空间(指向全民健身各类型有形和无形资源)这五个要素空间,详细地对 DNFRCS-G 的要素、网络结构和层次进行了分析。不仅如此,还拟优化 DNFRCS-G 模型,揭示空间演化规律。

研究表明,优化全民健身资源数字化共建共享空间对于构建更高水平全民健身公共服务体系的影响很大,这一点已得到业界和学界的认可。但如何构建与优化?目前普遍的做法仍然是在实践中不断探索和改进。综上所述,本研究对相关领域学者的研究成果进行了系统的分析,同时对宏观研究和微观研究之间中间层的研究理论进行了补充。这可以为数字赋能全民健身公共服务体系构建等问题提供理论依据。

在微观层面上,尽管已经构建了全民健身资源的数字化共建共享平台,但许多平台却面临着访问者寥寥无几的窘境,这不仅包括完全没有访问者的情况,也包括只有极少数访问者的情况。这种现象的产生,除了受到网络平台的功能设置、资源的丰富度、使用的便捷性、宣传的力度以及宣传渠道选择等多重因素的影响之外,更关键的解决之道在于提升共建共享水平,增强全民健身资源在平台空间内的流动性和效能。具体而言,要实现这一目标,就需要关注 DNFRCS-G 各要素的协调运作,以及网络和子系统的高效运行。这意味着,平台需要在提升用户体验、丰富资源内容、优化功能设计、加强宣传推广等方面下功夫,同时还需要通过智能化和网络化的手段,提高资源配置的效率,促进资源在不同区域间的流动和共享,从而提升平台的吸引力和活跃度,实现全民健身资源的最大化利用和社会价值的最大化发挥。

本研究首先从狭义概念出发,为全民健身资源数字化共建共享平台建设的实践工作寻找典型案例,重点从系统科学和空间地理的视角,诠释 DNFRCS-G 的政策实施空间、运动参与空间、关联产业空间、数字媒介空间、资源配置空间,通过分析这五类空间之间的关系,构建与分析 DNFRCS-G 模型,并对各类空间要素之间的合作与联动提出优化建议,为提高全民健身资源数字化共建共享空间的运转效能提供理论框架。

本研究的创新体现在以下方面:第一,在全民健身公共服务体系高质量构建的背景下,以全民健身数字化发展、关联产业转型升级、全民健身公共服务质量提升为背景,以系统理论和空间地理为理论依据,对 DNFRCS-G 的组成要素、网络结构进行分析,形成了关于 DNFRCS-G 的一系列基本观点和理论。第二,对前人的相关研究进行了系统的总结,结合规范的理论分析,构建了 DNFRCS-G 模型,并对空间模型中的网络结构关系和层级进行系统的分析。第三,对狭义上的全民健身资源数字化共建共享平台进行典型案例分析,找出不同类型全民健身资源数字化共建共享平台的构建特点和途径,为全民健身资源数字化共建共享平台的构建和维护实践工作提供参考。

一、关键要素识别与提取

在本节中重点以 DNFRCS-G 的构成要素为研究对象,首先对全民健身资源数字化共建共享空间要素进行抓取,目的在于探究空间结构和网络形态。调查对象主要包括 3 个方面。第一,收集与本研究相关的样本研究文献。将所有样本研究文献的高频关键词作为调查对象。第二,以"全民健身主管部门的公务员""社会体育指导员""全民健身研究人员"等人员作为问卷调查对象。第三,选取"SH 市 DNFRCS-G"作为典型个案研究对象。

共词分析法是内容分析法的一种,主要通过分析某一学科领域的研究主题或关键词在同一篇文献中共同出现的次数,揭示关键词之间的亲疏关系,从而展现该学科的知识结构和研究内容。共词分析法是一种非介入性的统计分析方法,能够从大量的文献资料中寻找客观规律,这一方法较为适合对新兴学科和新兴主题的研究。通过前期调研发现,绝大部分的全民健身资源数字化共建共享空间都是在最近十年间才开始搭建的。针对本研究的研究主题而言,DNFRCS-G 是一个新兴的研究领域,并得到了一定数量的学者的关注,形成了较为丰富的前期文献资料。因此,本研究将采用共词分析法对 DNFRCS-G 构成要素进行分析。

共词分析法是建立在词频分析法的基础上的一种分析方法。它是以文献资料的关键词或主题词共同出现的频率为载体的。共词分析法的基本步骤分为三步:第一,从相关文献数据库中抽取能够代表研究主题的关键词或主题词,并根据关键词出现的频次设定一定的阈值。以高频率的关键词或主题词作为代表该学科领域的关键词进行分析。第二,通过统计关键词出现的次数来构建"关键词的矩阵"。第三,利用统计方法对"关键词的矩阵"进行统计分析,了解关键词之间的关系和分类。常用的统计方法有因子分析、聚类分析、多维尺度分析、社会网络分析等。

人类在认识世界的过程中,需要把某些方面相似的东西归类,以便从中发现规律,继而达到认识和改造世界的目的。聚类分析的一般做法是:先确定聚类统计量,然后利用统计量对样品或者变量进行聚类。聚类是将某个"对象集"划分为若干组的过程,使得同一个组内的数据对象具有较小的距离或者较高的相似度,而不同组中的数据对象是"不相似的"或"距离较大的"。同一个组的对象常常被当成一个对象进行对待。根据聚类分析的特点,本研究将使用 SPSS 25.0 统计软件,通过聚类统计方法,把共同出现的频率高的关键词归为一类,从而将复杂的"关键词的矩阵"转化成为"关系层"。

本部分将采用社会网络分析法,分析高频关键词之间的网络特征及距离,用来判断高频关键词分类的合理性。社会网络分析法是社会学研究常用的一种分析方法。社会网络是指社会行动者之间的关系的集合,社会网络分析的核心在于从关系的角度出发,研究社会的结构和社会的现象。社会网络分析法能够将关系结构用图形的方式展示出来。因此,本研究将借助社会网络分析法,分析关键词之间的网络结构和关系。在社会网络关系中,高频关键词是网络中的节点,关键词之间的连线代表高频关键词之间的关系。

使用论文检索平台,查找与本研究主题相关的论文。考虑到论文时效性及权威性,将文献的发表时间设定为最近 5 年左右(2018—2023 年),并且仅选取硕士学位论文、博士学位论文、核心期刊论文、体育专业类期刊论文、智库研究报告等质量较高的文献资料作为样本研究文献。英文或其他语言的文献使用 Web of Science, MEDLINE, Russian Science Citation Index, SciELO Citation Index, Engineering Village 平台进行检索。

目前国内外关于构建全民健身资源数字化共建共享空间的战略、规划或实施方案,没有统一的界定。并且,在预搜索过程中发现,相关的文献分布较散,通过关键词的方式进行搜索,只能够获得极少的文献,无法更加全面地获得与本研究主题相关的文献。因此,本研究采取了"主题词"搜索的方式进行模糊搜索,再结合人工筛选的方式选取最终的样本研究文献。为了更加全面地获取文献,本研究选取了"互联网＋全民健身""体育＋信息化""数字化或数智化"作为主题词。另外,考虑到我国正在实施的"互联网＋"战略和"智慧体育"战略与本研究主题密切相关,将"智慧体育"也选入主题词,主要用来收集中文的相关文献。

通过以上方式,共得到了 206 篇样本研究文献资料。使用 SATI 3.2 词频分析工具和人工的方式对 206 篇样本研究文献资料的高频关键词进行筛选与统计,最终获得了 397 个高频关键词,通过对 397 个高频关键词进行检查和分析,进行再次筛选,步骤如下:

第一,本研究对少部分具有相似性的关键词进行了合并处理。例如:"全民健身战略""发展战略""全民健身规划",将它们合并后统称为"发展战略"。将"全民健身管理机构""体育产业企业""体育俱乐部""体育协会"合并后统称为"体育机构"。将"App""移动应用软件""App 移动应用"合并后统称为"App"。将"ICT""信息通信技术"合并后统称为"ICT"。将"足球""篮球""网球""登山"

等代表某项项目的关键词进行合并,合并后的名称为"运动项目"。另外,将"体育产业集群"简称为"产业集群"。将"全民健身生态空间"简称为"生态空间"。合并后的高频关键词总数为 373 个,出现总频次为 1497 次。

第二,为了选取具有代表性的高频关键词,根据高频词阈值界定的选取方法,本研究将选取高频关键词的阈值设定为≥总频次×70%。也就是将高频关键词的出现频次由高到低逐级相加,选取"总频次≥1047 次"的高频关键词作为样本。通过筛选,出现频次≥7 次的高频关键词出现的总频次为 1052 次,占总频次的 70.3%,出现频次≥7 次的高频关键词共有 49 个,占关键词总数的 13.1%。通过上述筛选过程获得的 49 个高频关键词,比剩余的 324 个关键词更具有代表性。表 4-5 显示的是筛选后的高频关键词的频次情况。

表 4-5　全民健身资源数字化共建共享空间高频关键词频次统计

序号	关键词	频次	序号	关键词	频次	序号	关键词	频次
1	体育产业	55	18	战略规划	19	35	信息分析	27
2	智慧体育	34	19	发展策略	27	36	互联网＋	67
3	智能设备	15	20	体育培训	11	37	产业创新	20
4	信息共享	21	21	保障措施	12	38	开发设计	18
5	资源共享	22	22	指标体系	11	39	模拟仿真	10
6	大数据	17	23	运动项目	29	40	可穿戴设备	9
7	休闲体育	37	24	体育经济	21	41	生态系统	8
8	信息资源	23	25	共享平台	32	42	内涵特征	12
9	体育门票	13	26	信息服务	32	43	App	29
10	产业集群	7	27	社交网络	18	44	互联网	46
11	社区	16	28	管理	32	45	云计算	14
12	以人为本	16	29	体育机构	19	46	ICT	16
13	体育直播	19	30	信息安全	13	47	体育场馆	25
14	发展战略	26	31	电子商务	13	48	城市规划	14
15	传感器	8	32	基础设施	19	49	体育赛事	18
16	智能化	29	33	O2O	21			
17	体育媒体	18	34	物联网	14			

　　对 49 个高频关键词出现的次数进行统计,建立 49×49 的关键词矩阵。如表 4-6 所示。在关键词矩阵中,对角线上的数值为同一个关键词出现的总次数,其他数值为不同的关键词共同出现的次数。

表 4-6　全民健身资源数字化共建共享空间高频关键词矩阵(部分)

	体育产业	智慧体育	智能设备	信息共享	资源共享	大数据	⋯
体育产业	55	7	0	3	4	2	⋯
智慧体育	7	34	1	7	6	2	⋯
智能设备	0	1	15	1	2	0	⋯
信息共享	3	7	1	21	7	1	⋯
资源共享	4	6	2	7	22	0	⋯
大数据	2	2	0	1	0	17	⋯
休闲体育	7	3	2	2	5	0	⋯
信息资源	3	0	2	3	3	7	⋯
⋯	⋯	⋯	⋯	⋯	⋯	⋯	⋯

　　由于关键词矩阵只是较为简单的数量统计,无法达到聚类分析和多维尺度分析的数据类型要求,因此,需要对数据进行转换处理。本研究运用 Ochiia 系数的方法,将高频关键词的共词矩阵转换成相似矩阵。Ochiia 系数计算公式为 $\dfrac{A \text{ and } B}{\sqrt{A} \times \sqrt{B}}$,其中,$A$ 代表“A 单独出现的次数”,B 代表“B 单独出现的次数”,A and B 代表“A 和 B 同时出现的次数”。利用 Ochiia 系数对表 4-6 中的数据进行转换,得到的数据矩阵如表 4-7 所示。

表 4-7　Ochiia 系数转换后的高频关键词矩阵(部分)

	体育产业	智慧体育	智能设备	信息共享	资源共享	大数据	⋯
体育产业	1	0.161 9	0	0.088 3	0.115	0.065 4	⋯
智慧体育	0.161 9	1	0.044 3	0.262	0.219 4	0.083 2	⋯
智能设备	0	0.044 3	1	0.056 3	0.110 1	0	⋯
信息共享	0.088 3	0.262	0.056 3	1	0.325 7	0.052 9	⋯
资源共享	0.115	0.219 4	0.110 1	0.325 7	1	0	⋯
大数据	0.065 4	0.083 2	0	0.052 9	0	1	⋯
休闲体育	0.155 2	0.084 6	0.084 9	0.071 7	0.175 2		

（续　表）

	体育产业	智慧体育	智能设备	信息共享	资源共享	大数据	…
信息资源	0.084 3	0	0.107 7	0.136 5	0.133 4	0.354	…
体育门票	0.074 8	0.142 7		0.060 5	0.059 1	0.067 3	…
产业集群	0.305 8	0.064 8	0	0.082 5	0	0	…
社区	0.134 8	0.085 7		0.163 7	0.266 5	0	…
以人为本	0.101 1	0.257 2	0	0	0.053 3	0.060 6	…
体育直播	0.340 3	0.118	0	0	0	0.055 6	…
发展战略	0.105 8	0.168 2	0.101 3	0	0	0.047 6	…
…	…	…	…	…	…	…	…

通过 Ochiia 系数转换后的高频关键词矩阵中的数值接近"0"的偏多，在统计分析过程中容易造成误差过大，因此需要对表 4 - 7 的数据进行第二次转换，转换公式为 $1 - \dfrac{A \ and \ B}{\sqrt{A} \times \sqrt{B}}$ 。转换后的数据矩阵如表 4 - 8 所示。表 4 - 8 中的数据表示的是高频关键词与高频关键词之间的"不相关性"。也就是说：数值越大，说明关键词之间的距离越远，相似度也越低。数值越小，说明关键词之间的距离越近，相似度也越高。利用相关统计分析可以得出关键词之间的类群关系。

表 4 - 8　高频关键词的不相关性的矩阵（部分）

	体育产业	智慧体育	智能设备	信息共享	资源共享	大数据	…
体育产业	0	0.838 1	1	0.911 7	0.885	0.934 6	…
智慧体育	0.838 1	0	0.955 7	0.738	0.780 6	0.916 8	…
智能设备	1	0.955 7	0	0.943 7	0.889 9	1	…
信息共享	0.911 7	0.738	0.943 7	0	0.674 3	0.947 1	…
资源共享	0.885	0.780 6	0.889 9	0.674 3	0	1	…
大数据	0.934 6	0.916 8	1	0.947 1	1	0	…
休闲体育	0.844 8	0.915 4	0.915 1	0.928 3	0.824 8	1	…
信息资源	0.915 7	1	0.892 3	0.863 5	0.866 6	0.646	…
体育门票	0.925 2	0.857 3	1	0.939 5	0.940 9	0.932 7	…
产业集群	0.694 2	0.935 2	1	0.917 5	1	1	…
社区	0.865 2	0.914 3	1	0.836 3	0.733 5		…

（续　表）

	体育产业	智慧体育	智能设备	信息共享	资源共享	大数据	…
以人为本	0.8989	0.7428	1	1	0.9467	0.9394	…
体育直播	0.6597	0.882	1	1	1	0.9444	…
发展战略	0.8942	0.8318	0.8987	1	1	0.9524	…
…	…	…	…	…	…	…	…

将表 4-8 中的数据输入 SPSS 25.0 软件进行聚类分析。

聚类方法采用"组间连接"，度量标准采用区间的"Euclidean 距离"，分别绘制了全民健身资源数字化共建共享空间关键词冰柱图(图 4-2)和树状图(图 4-3)。根据对聚类结果的分析，本研究将 49 个高频关键词划分为 6 个类别，并汇总如表 4-9 所示。根据 6 个类别中高频关键词的总体属性，判断出 6 个类别分别代表了：发展战略领域、社会服务领域、经济领域、软件与信息技术领域、智能技术领域、基础资源领域。

由上文的统计结果可以发现，高频关键词之间存在着不同程度的关联。但由于聚类分析的局限性，每个关键词只能纳入一个与它自身联系最紧密的类别中，而不能看到关键词与其他关键词的联系情况。为了更加全面地分析关键词的属性特征，对关键词做出更加明确的归类判断，将继续对高频关键词进行其他形式的降维分析。

本研究运用 SPSS 25.0 统计软件对表 4-8 的数据矩阵进行多维尺度分析，采用 Euclidean 距离模型，分析后得到了如图 4-4 所示的可视化二维知识图谱。多维尺度分析在医学研究领域较为常用，通常用 stress 系数来判断输入数据与输出结果之间的吻合程度，stress 系数越小，则分析结果越好。一般来讲，当 stress 系数＜0.1 的时候，则表示分析结果非常好；当 stress 系数在 0.1～0.2 之间的时候，则表示分析结果较好；当 stress 系数＞0.3 的时候，分析结果勉强可以接受。而本研究的高频关键词相异矩阵分析得到的 stress 系数为 0.2647，勉强可以接受，但不能作为最终的判断依据。

使用多维尺度分析，主要是为了观察多维分析的谱系图中高频关键词的分布情况。虽然本研究对样本数据进行多维尺度分析的 stress 系数偏大，但超出数值不多，因此，本研究的多维尺度分析结果只能作为辅助性参考，将不会作为最终选取高频关键词的首要依据。通过图 4-4 所示的多维尺度分析的结果可知，多维尺度分析与聚类分析的结果基本吻合，同时又呈现一些新的特征。

所有的关键词在二维空间中集合为 5 个相对集中的关键词组团，本研究将

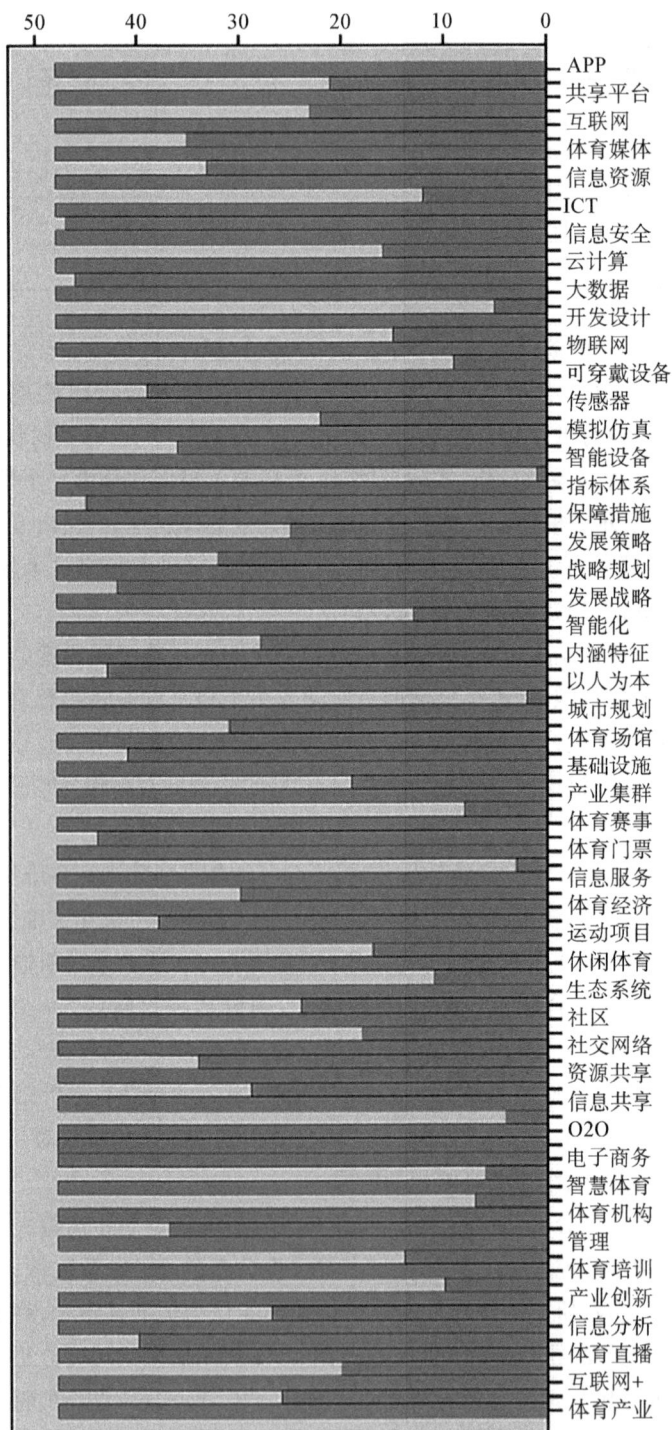

图4-2 全民健身资源数字化共建共享空间关键词冰柱图

		0	5	10	15	20	25

电子商务　31
O2O　33
体育直播　13
信息分析　35
产业创新　37
体育产业　1
互联网+　36
管理　28
体育机构　29
体育培训　20
智慧体育　2
资源共享　5
社交网络　27
信息共享　4
社区　11
生态系统　41
运动项目　23
体育经济　24
信息服务　26
休闲体育　7
体育门票　9
体育赛事　49
基础设施　32
体育场馆　47
城市规划　48
产业集群　10
以人为本　12
内涵特征　42
智能化　16
保障措施　21
指标体系　22
发展战略　14
战略规划　18
发展策略　19
体育媒体　17
互联网　44
信息资源　8
共享平台　25
App　43
信息安全　30
ICT　46
大数据　6
云计算　45
传感器　15
可穿戴设备　40
智能设备　3
模拟仿真　39
物联网　34
开发设计　38

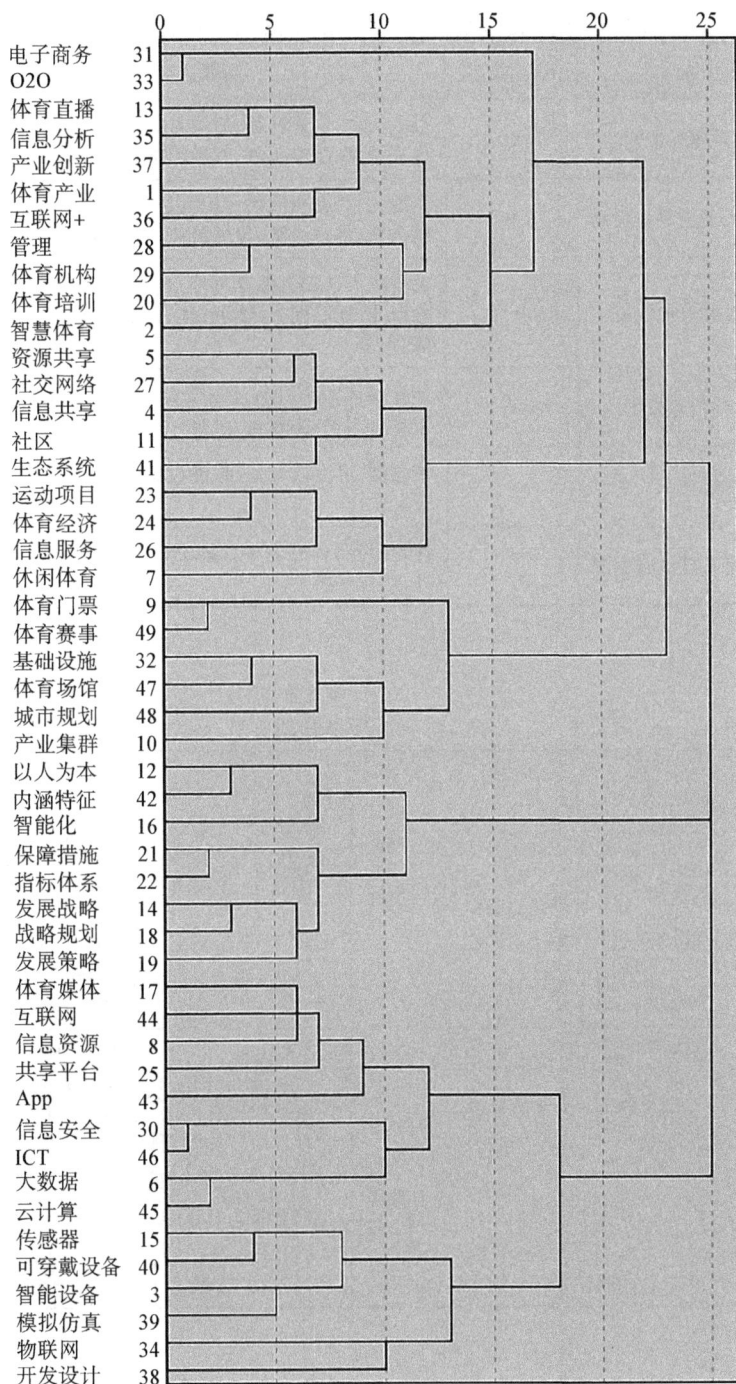

图 4-3　全民健身资源数字化共建共享空间关键词树状图

表4-9 全民健身资源数字化共建共享空间高频关键词聚类

方向	关键词数量	高频关键词
指向政策的制定	8	以人为本;内涵特征;智能化;保障措施;指标体系;发展战略;战略规划;发展策略
指向全民健身具体活动	9	资源共享;社交网络;信息共享;社区;生态系统;运动项目;体育经济;信息服务;休闲体育
指向关联产业经济	11	电子商务;O2O;体育直播;信息分析;产业创新;体育产业;互联网+;管理;体育机构;体育培训;智慧体育
软件与信息技术	9	体育媒体;互联网;信息资源;共享平台;App;信息安全;ICT;大数据;云计算
智能技术	6	传感器;可穿戴设备;智能设备;模拟仿真;物联网;开发设计
指向体育基础设施资源	6	体育门票;体育赛事;基础设施;体育场馆;城市规划;产业集群

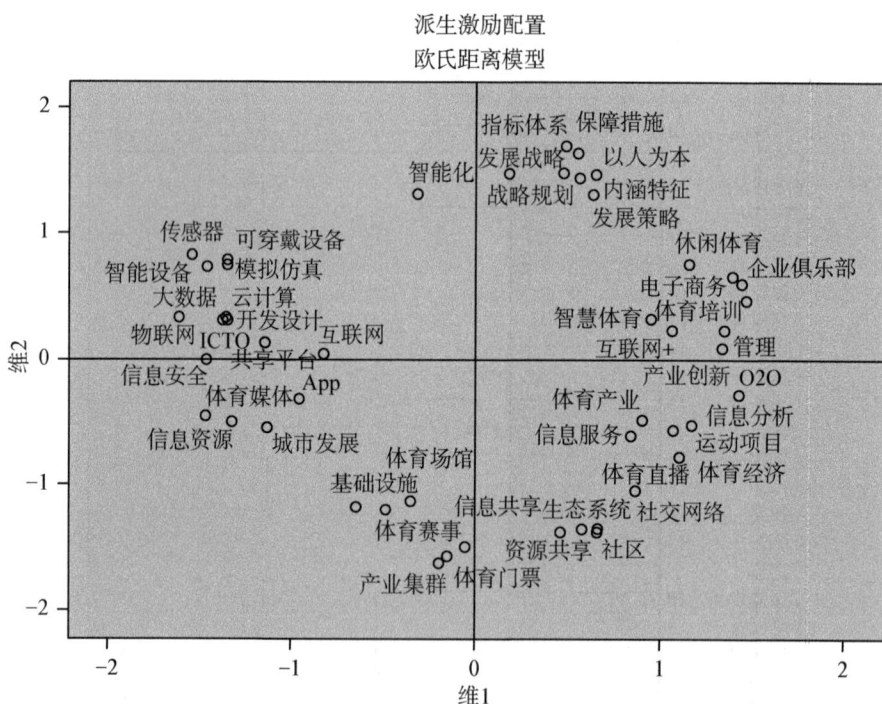

图4-4 全民健身资源数字化共建共享空间高频关键词多维尺度图谱

5个组团的主题分别概括为：发展战略、社会服务、经济、媒介或信息技术、基础资源。相对于聚类分析的结果来看，多维尺度分析所呈现的5个维度比聚类分析的6个维度少。

二、要素详细分析

通过聚类分析和多维尺度分析发现，本研究选取的高频关键词样本呈现出一定的集中趋势，证明样本文献的主题的方向较为集中。由于聚类分析和多维尺度分析都存在一定的局限性，因此，将聚类分析与多维尺度分析的结果进行对比分析，得出了如表4－10所示的结果。

表4－10　聚类分析与多维尺度分析的结果对比

方向	分析方法	相同的高频关键词	不相同的高频关键词
政策实施	聚类分析	以人为本；内涵特征；智能化；保障措施；指标体系；发展战略；战略规划；发展策略	
政策实施	多维尺度分析	智能化；发展战略；以人为本；战略规划；指标体系；保障措施；内涵特征；发展策略	
运动参与	聚类分析	信息服务；运动项目；体育经济；社区；生态系统；社交网络；资源共享	信息共享；休闲体育
运动参与	多维尺度分析	信息服务；运动项目；体育经济；社区；生态系统；社交网络；资源共享	体育产业；信息分析；体育直播；O2O
关联产业	聚类分析	体育机构；电子商务；智慧体育；互联网＋；体育培训；管理；产业创新；O2O	体育直播；信息分析；体育产业
关联产业	多维尺度分析	体育机构；电子商务；智慧体育；互联网＋；体育培训；管理；产业创新	休闲体育
软件与信息技术	聚类分析	体育媒体；互联网；信息资源；共享平台；App；信息安全；ICT；大数据；云计算	
智能技术	聚类分析	传感器；可穿戴设备；智能设备；模拟仿真；物联网；开发设计	
媒介或信息技术	多维尺度分析	传感器；可穿戴设备；模拟仿真；智能设备；云计算；开发设计；大数据；物联网；ICT；互联网；共享平台；信息安全；App；体育媒体；信息资源	城市规划
资源配置	聚类分析	基础设施；体育赛事；体育门票；体育场馆；产业集群	城市规划
资源配置	多维尺度分析	基础设施；体育赛事；体育门票；体育场馆；产业集群	信息共享

通过表4-10可以发现,聚类分析与多维尺度分析的结果大部分是相同的。聚类分析将高频关键词分成了6个维度,分别是:政策实施、运动参与、关联产业、软件与信息技术、智能技术、资源配置。多维尺度分析将高频关键词分成了5个维度,分别是政策实施、运动参与、关联产业、媒介或信息技术、资源配置。多维尺度分析中的媒介或信息技术维度,在聚类分析中被分成了两类,分别是软件与信息技术、智能技术。通过判断,这两类指标的属性基本相同,都是与信息技术有关,因此本研究采用多维尺度分析的5个维度的划分的结果。为了使维度名称更加简洁,本研究将5个维度分别命名为:政策实施空间、运动参与空间、关联产业空间、数字媒介空间、资源配置空间。

在表4-10中,虽然多维尺度分析与聚类分析的结果大致相同,但是由于多维尺度分析的stress系数偏高,所以本研究中针对高频关键词的归属类别的划分,将重点参考聚类分析的结果,并结合人工分析对高频关键词的归属类别进行修正(表4-11)。

表4-11 修正后的高频关键词的维度

维度	关键词数量	高频关键词
政策实施	8	以人为本;内涵特征;智能化;保障措施;指标体系;发展战略;战略规划;发展策略
运动参与	9	资源共享;社交网络;信息共享;社区;生态系统;运动项目;体育经济;信息服务;休闲体育
关联产业	11	电子商务;O2O;体育直播;信息分析;产业创新;体育产业;互联网+;管理;体育机构;体育培训;智慧体育
数字媒介	15	开发设计;智能设备;可穿戴设备;App;模拟仿真;体育媒体;信息资源;共享平台;传感器;ICT;大数据;物联网;互联网;云计算;信息安全
资源配置	6	体育门票;体育赛事;基础设施;体育场馆;城市规划;产业集群

从表4-11可以看出,政策实施维度的高频关键词有8个,运动参与维度的高频关键词有9个,关联产业维度的高频关键词有11个,数字媒介维度的高频关键词有15个,资源配置维度的高频关键词有6个。高频关键词从政策实施、运动参与、关联产业、数字媒介、资源配置5个维度刻画了DNFRCS-G的要素构成,为了解DNFRCS-G的基本构成及其联系机制提供了科学的思路。

通过表4-11可以看出,数字媒介维度的高频关键词的数量是最多的,而资源配置维度的高频关键词的数量是最少的。本研究认为主要原因有以下两点:

第一,新一代信息通信技术应用在全民健身活动当中的时间较短。或者说,全民健身与体育产业和信息产业等关联产业间的融合,继而实现全民健身资源数字化共建共享,这种实践工作是相对较新的。而针对全民健身资源的物联网技术运用,则发展时间更短。因此,大部分研究人员首先将关注点放在了搭建全民健身资源数字化共建共享平台或软件的实践工作中,所以数字媒介维度的高频关键词较多。第二,对于体育资源的信息化改造是一项复杂的问题,需要大量的人、财、物的支撑,以及技术的保障,同时还与城市建设的其他工作相互关联,是一项循序渐进的工作。利用新一代信息技术发展全民健身这项工作是最近几年才开始的,并且目前只在经济发达的国家或地区得到实施,因此,资源配置维度的高频关键词相对较少。

为了进一步探究将高频关键词划分为五大维度的合理性,本部分将利用社会网络分析法对高频关键词的网络特征进行分析。

将高频关键词的共词矩阵数据输入 Ucinet6.681 软件中,对高频关键词之间的社会网络关系进行分析,并利用 Netdraw 绘图软件绘制所有高频关键词的网络关系图谱,如图 4-5 所示,原始矩阵中关键词的"共现关系"通过图形进行可视化展示。图中"节点"越大,代表它出现的频率越高,在整个网络中具有越重要的地位,节点之间的连线代表关键词之间的"共现关系"。

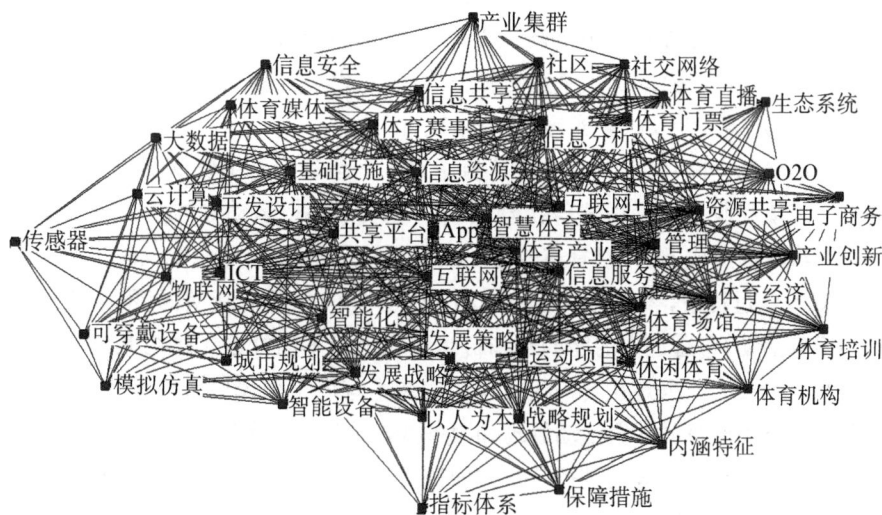

图 4-5　高频关键词的社会网络关系图谱

在关键词网络中,网络密度、网络的中心度是分析整体网络特征的主要指标。网络密度反映网络节点之间联系的紧密程度,网络密度的指标的取值在

0～1之间,数值越接近于1,代表节点之间联系越紧密。分析显示,样本关键词的共现网络的网络密度为0.610 1,表明该网络对于相关主体的影响约为61.01%。密度水平相对较高,表明关键词之间具有密切的联系,由此可知DNFRCS-G的构成维度之间相互联系较为紧密,高频关键词之间具有较强的相互作用关系。网络的中心度是对网络集聚度的评价,它反映网络的集中趋势,代表了网络的集散程度。分析显示,样本关键词的共现网络的网络中心度为0.398 0,也就是中心点的集中强度为39.80%,可见网络的集中趋势一般,因此,根据高频关键词之间的联系以及高频关键词的含义,将高频关键词概括为几个代表特定领域的类别是较为合理的。

综合以上分析,结合49个关键词在政策实施、运动参与、关联产业、数字媒介、资源配置5个维度的分布,能够对DNFRCS-G的构成维度进行概括与提炼。

政策实施空间:共收集到8个高频关键词,主要涉及了推进全民健身资源数字化共建共享为目标,以及优化DNFRCS-G的战略期望、战略规划、实施方案、评价标准、保障措施等方面的内容。政策实施空间集中体现了优化DNFRCS-G的期望、目标、趋势、方向、实施等内容,是与DNFRCS-G的构建和发展相关的长期性、全局性、整体性谋划及实施方面的内容。因此,政策实施空间主要刻画了对构建DNFRCS-G的运行与发展起"组织、引领和规范"作用的内容,它对DNFRCS-G的构建和发展进行"长期性、全局性、整体性谋划和规划",并统筹DNFRCS-G中其他组成部分的均衡发展。因此,本研究将政策实施维度划分3个观测变量,分别是:涉及战略蓝图制定的"战略设想";涉及战略方案研究与制定的"实施方案";涉及战略实施的"战略执行"。

运动参与空间:共收集到9个高频关键词。运动参与主要反映了全民健身的社会环境和服务供给模式等出现的新的发展形态。运动参与是DNFRCS-G中较为特殊的组成部分,它具有较强的能动性和自组织性,它主要反映了在优化DNFRCS-G过程中,参与全民健身活动的社会主体开展的新型的、网络化的管理与服务活动,它通过人的能动性和自组织性推进不同社会主体之间建立新的组织和联系模式。也是在新一代信息通信技术应用于全民健身的背景下,人们不断推进全民健身的社会活动管理和服务方式的变革。通过对运动参与空间所收集到的9个高频关键词进行分析,本研究将运动参与维度划分3个观测变量,分别是:涉及对区域全民健身氛围产生影响的"体育文化";涉及公共体育信息服务的"公共体育";涉及对体育社会活动网络产生影响的"社会网络"。

关联产业空间:由关联产业维度中所收集到的11个高频关键词分析可知,它们主要反映了利用信息通信技术开展全民健身关联产业经济活动的相关内容,以及运用信息技术发展关联产业所呈现的新的发展形态。关联产业维度是 DNFRCS-G 中具有较强活力和创造性的组成部分。通过利用新一代信息通信技术发展全民健身关联产业的案例不断增多,在关联产业经济活动中不断培育和发展新的经济形态,为全民健身的创新发展带来动力与活力。通过分析关联产业维度中的 11 个高频关键词,再结合全民健身关联产业经济领域涉及的基本内容,本研究将关联产业维度划分 4 个观测变量,分别是:涉及全民健身公共服务产品或服务的供给层面的"生产活动""流通途径""消费活动"以及涉及全民健身管理机构或体育产业企业自身管理的"创新能力"。

数字媒介空间:数字媒介维度中所获得的高频关键词是最多的,共有 15 个。由这 15 个关键词可以发现,它们主要涉及了信息技术与其智能化应用、体育信息化建设、各类型的共建共享平台设计与数字化资源开发等方面的内容。数字媒介维度是构建 DNFRCS-G 过程中的重要载体,它能够为全民健身相关活动提供技术支持和数字资源保障。通过对数字媒介维度所收集到的 15 个高频关键词进行分析,本研究将其划分 3 个观测变量,分别是:体现全民健身数字资源转化程度与网络资源量的"网络资源";体现区域全民健身数字化资源整合与共建共享程度的"共建共享程度";体现全民健身资源数字化共建共享平台设计与功能的"平台技术"。

资源配置空间:资源配置维度共收集到了 6 个高频关键词,它们主要涉及了全民健身基础资源与空间规划等方面。资源是开展全民健身相关活动的重要载体,也是实现全民健身资源信息化整合的重要对象。资源配置维度主要体现了在优化 DNFRCS-G 过程中,全民健身的基础资源建设所呈现出来的新的发展趋势、特点和方向,为优化 DNFRCS-G 的资源规划和资源管理提供必要支持。因此,本研究将资源配置维度划分为 3 个观测变量,分别是:体现体育场馆、运动器材等硬件基础设施的"体育设施资源";体现体育赛事管理、运营和版权的"赛事资源";反映城市体育硬件基础设施的空间布局层面的"空间规划"。

三、结构检验方法

通过上文进行的共词分析可以发现,在前期已经有大量的学者对全民健身资源数字化共建共享空间的各个方面展开了研究。但是,由于利用新一代信息技术开展全民健身活动的时间并不长,并且各个国家或地区所实施的侧重点是不相同的,相关的研究也并没有形成较为完整的体系。所以,在前期的文献研究中,本研究所收集到的资料是有限的,样本数据只能够比较模糊地描述 DNFRCS-G 的基本维度。因此,为了更加准确地了解 DNFRCS-G 的结构,就需要对 DNFRCS-G 的结构进行更加具体的分析。

DNFRCS-G 是一个涉及多主体、具有复杂性的系统，而结构方程模型 (Structural Equation Modeling,SEM)作为多元分析的重要工具，可以同时考虑 并处理多个因变量，适用于 DNFRCS-G 模型的检验研究。

在本章中，需要验证两种结构。

第一，政策实施、运动参与、关联产业、数字媒介、资源配置 5 个潜变量对 DNFRCS-G 的作用的效能，如图 4 - 6 所示。

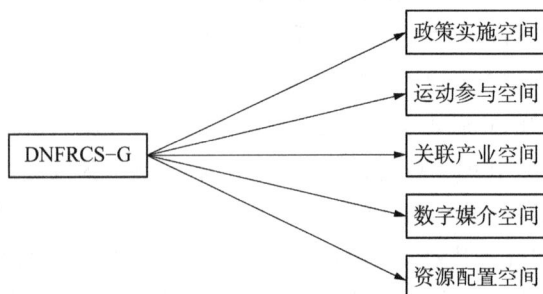

图 4 - 6　DNFRCS-G 模型的二阶结构方程路径

研究假设一：政策实施潜变量能够在 DNFRCS-G 中产生影响。

研究假设二：运动参与潜变量能够在 DNFRCS-G 中产生影响。

研究假设三：关联产业潜变量能够在 DNFRCS-G 中产生影响。

研究假设四：数字媒介潜变量能够在 DNFRCS-G 中产生影响。

研究假设五：资源配置潜变量能够在 DNFRCS-G 中产生影响。

第二，政策实施、运动参与、关联产业、数字媒介、资源配置 5 个潜变量之间 的相关关系，如图 4 - 7 所示。

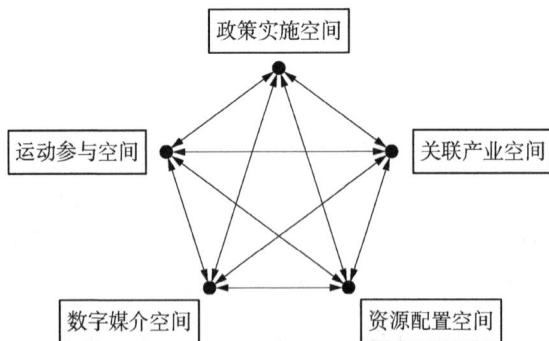

图 4 - 7　DNFRCS-G 模型的一阶结构方程路径

研究假设 1：政策实施与运动参与之间有路径影响。

研究假设 2：政策实施与关联产业之间有路径影响。

研究假设 3：政策实施与数字媒介之间有路径影响。

研究假设 4：政策实施与资源配置之间有路径影响。

研究假设 5：运动参与与关联产业之间有路径影响。

研究假设 6：运动参与与数字媒介之间有路径影响。

研究假设 7：运动参与与资源配置之间有路径影响。

研究假设 8：关联产业与数字媒介之间有路径影响。

研究假设 9：关联产业与资源配置之间有路径影响。

研究假设 10：数字媒介与资源配置之间有路径影响。

　　根据上文中关于结构方程检验所设定的模型，以及上文中对各个维度下面的观测变量的分析，设计了变量的观测量表，如表 4-12 所示。

表 4-12　DNFRCS-G 模型的变量对应表

潜变量	含义	观测内容
政策实施	政府制定的政策对优化 DNFRCS-G 能够产生主要影响	政策制定者对于构建全民健身资源数字化共建共享的态度或意识。
		针对全民健身资源数字化共建共享，政策制定者是否制定了详细和科学的实施方案。
		为了实现全民健身资源数字化共建共享而发布的各项政策，这些政策的执行效果是怎样的。
运动参与	运动参与活动是构建 DNFRCS-G 的主要因素	全民健身资源数字化共建共享对体育文化氛围产生的影响。
		全民健身资源数字化共建共享对全民健身公共服务产生的影响。
		全民健身资源数字化共建共享对体育社会网络化所产生的影响。
关联产业	全民健身关联产业活动是构建 DNFRCS-G 的主要因素	关联产业公司或全民健身管理机构等使用全民健身资源数字化共建共享平台开展生产管理的程度。
		关联产业公司或全民健身管理机构等使用全民健身资源数字化共建共享平台销售产品或服务的程度。
		运动参与者使用全民健身资源数字化共建共享平台进行健身活动的程度。
		关联产业公司或全民健身管理机构等利用全民健身资源数字化共建共享平台开展活动的创新性。

（续　表）

潜变量	含义	观测内容
数字媒介	全民健身资源数字化共建共享平台是构建DNFRCS-G的主要因素	全民健身资源数字化共建共享平台中的网络资源的质量。
		全民健身资源数字化共建共享平台中的资源的开放与共建共享程度。
		全民健身资源数字化共建共享平台的设计风格、功能等方面的满意度。
资源配置	全民健身资源是构建DNFRCS-G的主要因素	体育场馆与体育设备等硬件设施条件。
		职业体育赛事与大众体育赛事的举办频率或效果。
		体育资源的区域供给能力。

　　模型使用的数据采用发放问卷的形式进行获取，问卷设计运用通行的李克特五级尺度量进行测量。赋值分别为：非常不同意（1）、不同意（2）、一般（3）、同意（4）、非常同意（5）。调查对象的选定主要侧重以下三个方面：第一，以中国城市的人群为主。第二，分别挑选经济发达城市、经济一般发达城市、普通的中、小型城市 3 个层级的城市人群。因为本研究将要对 SH 市的 DNFRCS-G 进行个案研究，所以，对经济发达城市的调研主要是对 SH 市的人群进行发放问卷。第三，调查对象以"与全民健身相关的政府公务员、管理者、服务人员以及研究人员"为主。

　　问卷分为两次发放。第一次发放随机挑选了 30 名调查对象进行预调查，根据预调查结果，对问卷的问题进行修改。第二次进行正式调查，正式调查分为"问卷星"问卷平台填写与现场填写，共回收 451 份调查问卷。对回收的问卷进行分析筛选，最终得到 356 份有效调查问卷。问卷的删除情况如表 4 - 13 所示，有效问卷的调查信息如表 4 - 14 所示。为了确保数据的有效性，在进行模型运算前需要先进行数据的信度检验和效度检验。通过 SPSS 25.0 的分析，问卷数据 $\alpha=0.888$，表明问卷数据的信度比较高。

表 4 - 13　问卷的删除情况

轮次	指标	选项	人数	占比/%	备注
第一轮筛选	调查内容的熟知程度	非常熟悉	206	45.7	有效
		一般	206	45.7	有效
		不熟悉	39	8.6	删除

（续　表）

轮次	指标	选项	人数	占比/%	备注
第二轮筛选	最近一次的使用时间（使用频率）	1个月之前	27	6.6	删除
		1个月以内	356	86.4	有效
		不记得	29	7.0	删除

表 4-14　问卷发放与回收情况

指标	选项	人数	占比/%	指标	选项	人数	占比/%
年龄	≤19 岁	2	0.6	婚姻	未婚	239	67.1
	20～29 岁	57	16.0		已婚	87	24.4
	30～39 岁	117	32.9		其他	30	8.4
	40～49 岁	118	33.1	学历	高中及以下	11	3.1
	50～59 岁	61	17.1		大学本科	92	25.8
	≥60 岁	1	0.3		硕士及以上	253	71.1
性别	男	246	69.1	工资	≤3 000 元	2	0.6
	女	110	30.9		3 000～5 000 元	35	9.8
职业	公务员	31	8.7		5 000～7 000 元	64	18.0
	管理者	18	5.1		7 000～9 000 元	122	34.3
	服务者	29	8.1		9 000～11 000 元	91	25.6
	研究人员	58	16.3		>11 000 元	42	11.8
	其他	220	61.8				

使用 SPSS 25.0 软件对正式调查的数据进行因子分析，以期验证问卷的结构效度。旋转的方法为变量最大值。最终得到了表 4-15～表 4-19 的分析结果。

表 4-15　KMO 和巴特利特检验

KMO 取样适切性量数		0.821
巴特利特球形度检验	近似卡方	3 466.456
	自由度	120
	显著性	0.000

表 4-16 公因子方差

观测指标	统计软件命名	初始	提取
战略设想	Strategy1	1.000	.815
实施方案	Strategy2	1.000	.859
战略执行	Strategy3	1.000	.664
体育文化	Society1	1.000	.746
公共体育	Society2	1.000	.696
社会网络	Society3	1.000	.742
生产活动	Economics1	1.000	.763
流通途径	Economics2	1.000	.885
消费活动	Economics3	1.000	.782
创新能力	Economics4	1.000	.649
网络资源	Medium1	1.000	.724
共建共享程度	Medium2	1.000	.827
平台技术	Medium3	1.000	.802
体育设施资源	Resource1	1.000	.815
赛事资源	Resource2	1.000	.839
空间规划	Resource3	1.000	.767

提取方法：主成分分析法。

表 4-17 总方差解释

成分	初始特征值			提取载荷平方和			旋转载荷平方和		
	总计	方差百分比/%	累积百分比/%	总计	方差百分比/%	累积百分比/%	总计	方差百分比/%	累积百分比/%
1	6.000	37.499	37.499	6.000	37.499	37.499	3.021	18.879	18.879
2	2.360	14.750	52.248	2.360	14.750	52.248	2.459	15.372	34.250
3	1.706	10.662	62.910	1.706	10.662	62.910	2.366	14.785	49.036
4	1.297	8.107	71.017	1.297	8.107	71.017	2.347	14.671	63.706
5	1.013	6.329	77.345	1.013	6.329	77.345	2.182	13.639	77.345
6	.546	3.415	80.761						
7	.520	3.247	84.008						

（续　表）

成分	初始特征值			提取载荷平方和			旋转载荷平方和		
	总计	方差百分比/%	累积百分比/%	总计	方差百分比/%	累积百分比/%	总计	方差百分比/%	累积百分比/%
8	.471	2.942	86.950						
9	.430	2.687	89.637						
10	.360	2.250	91.887						
11	.316	1.976	93.863						
12	.283	1.771	95.634						
13	.236	1.476	97.110						
14	.194	1.214	98.324						
15	.141	.882	99.206						
16	.127	.794	100.000						

提取方法：主成分分析法。

表 4-18　旋转后的成分矩阵[a]

	成　分				
	1	2	3	4	5
流通途径	.915	.094	.059	.158	.098
消费活动	.857	.054	−.032	.094	.188
生产活动	.814	.166	.044	.192	.186
创新能力	.692	.057	.368	.098	.150
体育设施资源	.080	.872	.190	.085	.073
赛事资源	.125	.830	.294	.163	.145
空间规划	.122	.800	.254	.159	.148
共建共享程度	−.006	.182	.870	.113	.155
平台技术	.047	.294	.839	.049	.081
网络资源	.310	.317	.712	−.001	.142
实施方案	.186	.050	.041	.870	.253
战略设想	.136	.201	.014	.855	.156
战略执行	.127	.109	.106	.788	.067

(续　表)

	成　分				
	1	2	3	4	5
体育文化	.128	.068	.075	.137	.837
社会网络	.210	.206	.106	.105	.796
公共体育	.205	.077	.194	.234	.745
提取方法:主成分分析法。 旋转方法:凯撒正态化最大方差法。					
a:旋转在 6 次迭代后已收敛。					

表 4 - 19　成分转换矩阵

成分	1	2	3	4	5
1	.518	.460	.421	.401	.427
2	.539	-.514	-.568	.303	.176
3	-.615	.073	-.203	.739	.172
4	-.252	-.337	.148	-.329	.832
5	.001	-.637	.661	.305	-.254
提取方法:主成分分析法。 旋转方法:凯撒正态化最大方差法。					

运用 AMOS 25.0 软件对初始模型进行运算,并根据模型拟合指数评价以及系数估计结果对模型进行调整。通过 AMOS 25.0 软件的运算,以及软件提示对模型进行修正。得到调整后的二阶结构方程模型,如图 4 - 8 所示。

二阶结构方程的拟合度如表 4 - 20 所示。

通过表 4 - 20 的结果可以发现,结构方程检验的主要指标都已经达标。GFI、RMR、AGFI、NFI、RFI、TLI 的值没有达标,但是与阈值差距不大,结果可以接受。因此,本研究认为系统修正后的二阶结构方程模型拟合度较好。

对二阶结构方程模型进行效度检验,检验结果如表 4 - 21 所示。通过分析表 4 - 21 可以发现,组合信度均>0.6,且聚合效度(AVE)均>0.5,因此可以认为本研究所建立的二阶结构方程模型的模型聚合效度较强。

观察图 4 - 8 可以发现,在 DNFRCS-G 下,政策实施、运动参与、关联产业、数字媒介、资源配置 5 个空间共同对 DNFRCS-G 产生影响,并且影响强度较大。

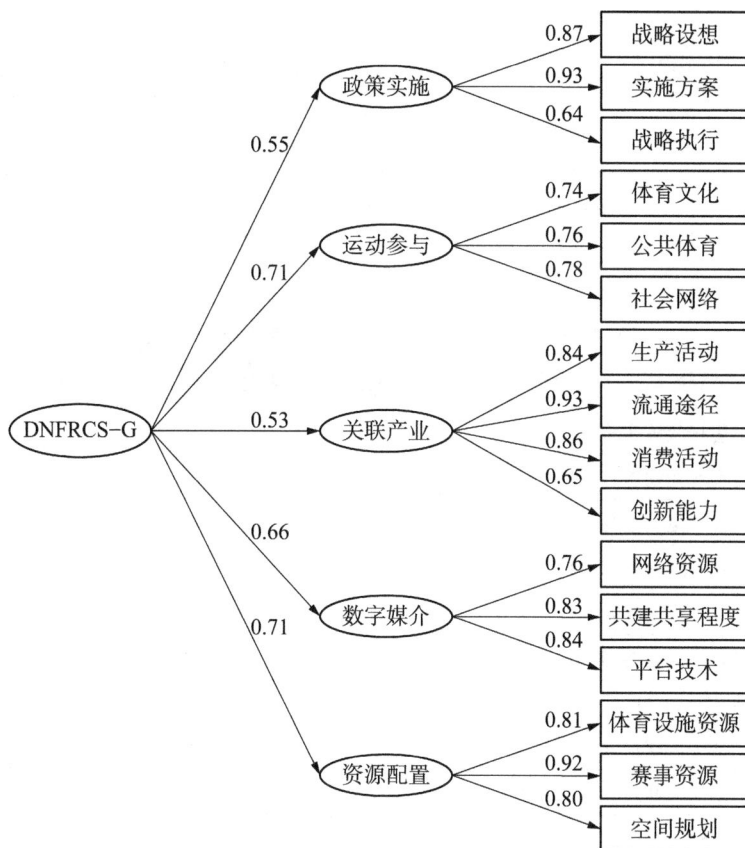

图4-8　二阶结构方程模型运算结果

表4-20　系统修正后的二阶结构方程模型拟合度

观察指标		值	阈值的标准	结果
主要指标	CMIN/DF	4.201	2～5	达标
	CFI	0.908	＞0.9	达标
	RMSEA	0.095	0.08 良好;0.1 可接受	达标
辅助指标	GFI	0.877	＞0.90	可接受
	RMR	0.058	＜0.05	可接受
	AGFI	0.829	＞0.90	可接受
	NFI	0.883	＞0.90	可接受
	RFI	0.857	＞0.90	可接受
	IFI	0.909	＞0.90	达标

(续 表)

观察指标	值	阈值的标准	结果
TLI	0.887	>0.90	可接受
PGFI	0.632	>0.5	达标
PNFI	0.721	>0.5	达标
PCFI	0.741	>0.5	达标

表4-21 二阶结构方程模型的组合信度与效度检验

路径	因素负荷量	信度系数	测量误差	组合信度	AVE
战略设想←政策实施	0.869	0.755	0.245	0.862	0.680
实施方案←运动参与	0.933	0.870	0.130		
战略执行←运动参与	0.644	0.415	0.585		
体育文化←运动参与	0.735	0.540	0.460	0.803	0.576
公共体育←运动参与	0.758	0.575	0.425		
社会网络←运动参与	0.784	0.615	0.385		
生产活动←关联产业	0.840	0.706	0.294	0.895	0.683
流通途径←关联产业	0.931	0.867	0.133		
消费活动←关联产业	0.859	0.738	0.262		
创新能力←关联产业	0.650	0.423	0.578		
网络资源←数字媒介	0.764	0.584	0.416	0.852	0.658
共建共享程度←数字媒介	0.826	0.682	0.318		
平台技术←数字媒介	0.841	0.707	0.293		
体育设施资源←资源配置	0.810	0.656	0.344	0.881	0.712
赛事资源←资源配置	0.918	0.843	0.157		
空间规划←资源配置	0.799	0.638	0.362		
$p<0.01$					

为了观察政策实施、运动参与、关联产业、数字媒介、资源配置5个空间之间的关系,需要建立5个维度之间的一阶结构方程模型进行检验。通过AMOS 25.0软件的运算,以及根据软件提示对模型进行修正。得到调整后的一阶结构方程模型,如图4-9所示。

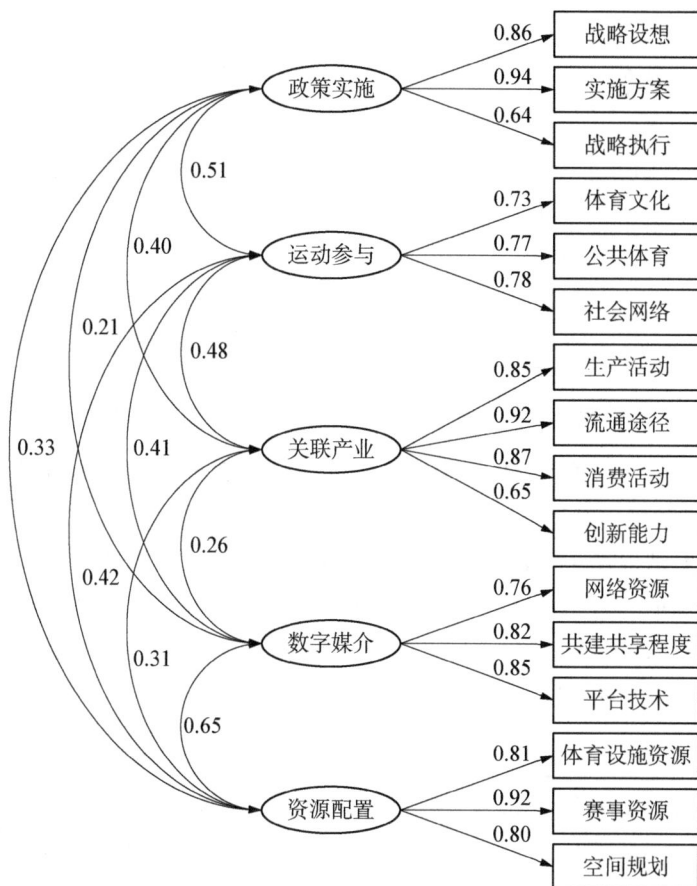

图 4-9 一阶结构方程模型运算结果

一阶结构方程的拟合度如表 4-22 所示。

表 4-22 系统修正后的一阶结构方程模型拟合度

观察指标		值	阈值的标准	结果
主要指标	CMIN/DF	3.680	2~5	达标
	CFI	0.927	＞0.9	达标
	RMSEA	0.087	0.08 良好；0.1 可接受	达标
辅助指标	GFI	0.901	＞0.90	达标
	RMR	0.045	＜0.05	达标
	AGFI	0.855	＞0.90	可接受

（续　表）

观察指标		值	阈值的标准	结果
	NFI	0.903	＞0.90	达标
	RFI	0.875	＞0.90	可接受
	IFI	0.927	＞0.90	达标
	TLI	0.906	＞0.90	达标
	PGFI	0.616 .	＞0.5	达标
	PNFI	0.700	＞0.5	达标
	PCFI	0.718	＞0.5	达标

通过表 4-22 的结果可以发现,结构方程检验的主要指标都已经达标。AGFI、RFI 的值没有达标,但是与阈值差距不大,可以接受。

对一阶结构方程模型进行效度检验,检验结果如表 4-23 所示,本研究认为系统修正后的一阶结构方程模型组合信度均＞0.6,且聚合效度(AVE)均＞0.5,因此可以认为本研究所建立的一阶结构方程模型的模型聚合效度较强,结构方程模型拟合度较好。

表 4-23　一阶结构方程模型的组合信度与效度检验

路径	因素负荷量	信度系数	测量误差	组合信度	AVE
战略设想←政策实施	0.859	0.738	0.262		
实施方案←运动参与	0.944	0.891	0.109	0.861	0.680
战略执行←运动参与	0.640	0.410	0.590		
体育文化←运动参与	0.734	0.539	0.461		
公共体育←运动参与	0.766	0.587	0.413	0.803	0.576
社会网络←运动参与	0.776	0.602	0.398		
生产活动←关联产业	0.849	0.721	0.279		
流通途径←关联产业	0.923	0.852	0.148	0.895	0.685
消费活动←关联产业	0.866	0.750	0.250		
创新能力←关联产业	0.646	0.417	0.583		
网络资源←数字媒介	0.761	0.579	0.421		
共建共享程度←数字媒介	0.817	0.667	0.333	0.852	0.658
平台技术←数字媒介	0.852	0.726	0.274		

（续　表）

路径	因素负荷量	信度系数	测量误差	组合信度	AVE
体育设施资源←资源配置	0.811	0.658	0.342		
赛事资源←资源配置	0.917	0.841	0.159	0.881	0.713
空间规划←资源配置	0.800	0.640	0.360		
$p < 0.01$					

通过表 4-24 发现，各个维度的聚合效度（AVE）均大于相关维度的系数的平方。因此，维度之间具有较好的区分效度，详见表 4-24。也就是说，各个维度是独立存在的，同时也与其他维度之间存在较强的交互关系。观察图 4-9 可以发现，在 DNFRCS-G 内部，政策实施、运动参与、关联产业、数字媒介、资源配置 5 个空间相互影响，并且相关性较强。

表 4-24　一阶结构方程各维度的区分效度

	政策实施	运动参与	关联产业	数字媒介	资源配置
政策实施	0.680				
运动参与	0.506	0.576			
关联产业	0.398	0.482	0.685		
数字媒介	0.209	0.412	0.257	0.658	
资源配置	0.329	0.423	0.306	0.648	0.713
$p < 0.01$					

通过表 4-24 发现，虽然一阶结构方程各维度之间的关系的 p 值都<0.01，但是，政策实施与数字媒介，关联产业与数字媒介之间的关系强度指标较小。说明了政府的战略决策与搭建全民健身资源数字化共建共享空间之间的相互影响力较为一般。同时，搭建全民健身资源数字化共建共享空间与体育产业的经济活动之间相互影响力较为一般。

通过对政策实施、运动参与、关联产业、数字媒介、资源配置 5 个维度进行一阶结构方程和二阶结构方程分析，发现 5 个维度对 DNFRCS-G 的影响效度较强，同时，5 个维度之间也存在着较为紧密的关系。

四、结构与模型分析

通过上文的结构方程模型检验，本研究认为 DNFRCS-G 主要是由政策实施、运动参与、关联产业、数字媒介、资源配置 5 个维度构成。从系统论和空间地理的角度分析，这 5 个维度分别被认为是 DNFRCS-G 中的主要的子系统，也可以认为是政策实施空间、运动参与空间、关联产业空间、数字媒介空间、资源配置空间。

（一）DNFRCS-G 的政策实施空间分析

DNFRCS-G 的政策实施空间主要包括战略设想、实施方案、战略执行三个部分。战略设想是依据全民健身信息化发展而形成的概念体系，它描绘了实现全民健身资源信息共享的美好期望。实施方案是对战略设想的展开和细化，它明确 DNFRCS-G 建设的阶段性发展水平和基本任务。战略执行是为了实现战略设想和执行实施方案中的具体任务而进行部署的一系列保障措施和监督方法。

DNFRCS-G 的政策实施空间是在全民健身中实现信息共享发展的重要前提。没有政策实施空间进行统筹安排，那么，全民健身的数字化共建共享空间的建设工作也将处于无序的状态。政策实施空间能够有效地引导全民健身活动向某个特定的方向演变。那么，将战略作为一个空间来分析，它将同时具备空间构成的全部特征。从空间要素的角度来看，政策实施空间主要由目标、手段和结果3 个要素构成。从结构角度来看，政策实施空间是由主体要素、客体要素和控制要素所构成的。为了更加直观地理解 DNFRCS-G 的政策实施空间的主要内容和结构，本研究将政策实施空间用路线图的方式进行描述（图 4 - 10）。

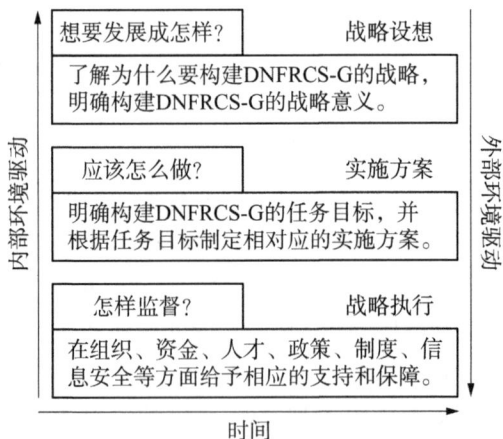

图 4 - 10　DNFRCS-G 的政策实施空间结构路线图

如图 4 - 10 所示，利用路线图工具可以从外部环境驱动、内部环境驱动、时间维度 3 个层面来刻画 DNFRCS-G 的政策实施空间的基本内容和结构。结合图 4 - 10 的分析结果，本研究进一步从战略设想、实施方案、战略执行三个方面来描述 DNFRCS-G 的政策实施空间的主要内容,如图 4-11 所示。

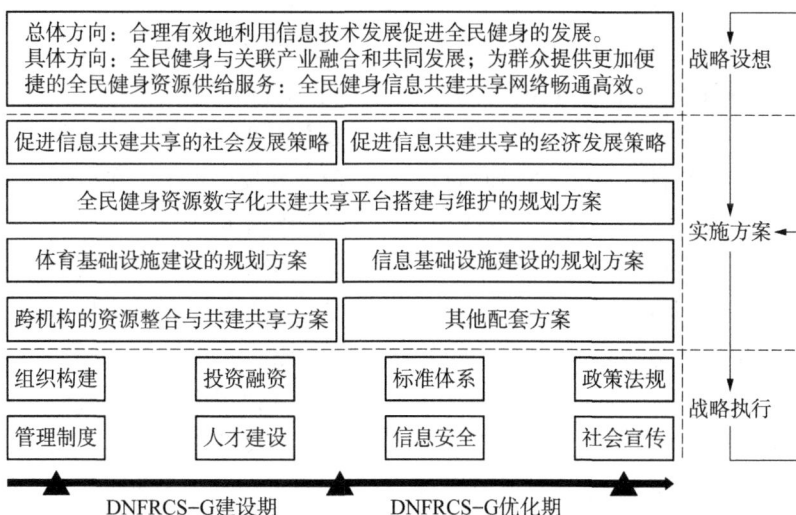

图 4-11 DNFRCS-G 的政策实施空间的要素与结构示意图

DNFRCS-G 的战略设想反映了在新一代信息通信技术高速发展的形势下,全民健身未来发展的主要方向。结合新一代信息技术的发展对全民健身发展带来的主要影响,DNFRCS-G 的战略设想可以从社会发展、经济发展、资源建设 3 个方面来进行描述。如表 4-25 所示,战略设想能够较为全面地描绘未来全民健身发展的战略制定趋势。

表 4-25 全民健身资源数字化共建共享空间优化的战略设想

总方向	具体方向	内容
社会发展	提升全民健身服务质量	不同类型的全民健身资源数字化共建共享平台不断被推向市场,让市民能够随时随地获取关于全民健身产品或服务的信息,让全民健身信息服务更加人性化,提升全民健身服务效率和能力。
经济发展	优化全民健身关联产业发展结构	新一代信息通信技术的发展和应用,促进了与全民健身相关的传统产业的运营模式的改革和升级。其结构发生了改变,体育传媒业、体育中介业等关联产业在全民健身中的贡献权重将会越来越大。
	提升全民健身关联产业运行效率	全民健身的信息化、网络化和智能化发展,促使全民健身关联产业的"生产、管理、销售、消费"联系更加紧密,使关联产业的经济运行效率更加高效。
资源建设	全民健身信息网络便捷高效	对全民健身的基础资源进行信息化改造,使基础资源具备通信和信息反馈功能。并将基础资源数据库连入地区公共服务平台,为地区的全民健身资源信息共享提供平台。

DNFRCS-G 的有序演化过程是具有目的性的,它的目的性体现为实施方案对战略设想的引导性,战略设想引导着整个 DNFRCS-G 的运行方向。实施方案代表了实现战略设想的具体办法和途径。实施方案应该根据战略设想进行制定,这样才能保证整个 DNFRCS-G 朝着战略设想的方向发展。DNFRCS-G 的实施方案是对战略设想的展开和细化。其中,实施方案可以分为两个层面。

其一,阶段目标:明确 DNFRCS-G 建设的阶段性发展水平。在构建与优化 DNFRCS-G 的过程中,应该根据不同的阶段分别制定不同的阶段目标。阶段目标应该体现时效性,突出不同阶段内的发展重点。阶段的划分可以以 1 年为标准,也可以以 3 年或 5 年为标准。例如国家体育总局每隔 5 年都会根据全民健身战略发展现状与趋势,制定新一期的全民健身规划。

其二,实施办法:是对阶段目标的进一步分解。根据全民健身资源信息共建共享的发展特点,实施办法应该围绕着促进信息共建共享发展的社会发展策略、促进信息共建共享发展的经济发展策略、全民健身资源数字化共建共享平台的搭建与维护的实施办法、全民健身资源建设的实施办法等方面进行展开。新一代信息通信技术在社会生活各领域的广泛渗透,对体育社会的发展产生了重要影响。一方面,它使人们的体育社会活动变得更加便利和人性化,改变和重新塑造了人们的体育生活方式。另一方面,它对原有的社会结构产生了冲击,由于年龄、受教育水平、使用信息的能力、经济能力等原因,一部分群体不能够很好地融入信息社会当中,因此,在制定社会发展策略的过程中,应当充分考虑这类人群的融入问题。为了让全民健身公共服务的方式更加人性化,也为了让更多的运动参与者享受数字化共建共享平台的便捷服务,在制定 DNFRCS-G 的社会发展策略的过程中,应当重点关注具有公益性质的全民健身资源数字化共建共享平台的搭建,可以考虑将市民的电子健康档案、社区体育服务、城市公共体育信息等方面的内容纳入进来。

全民健身资源信息共享对其关联产业经济发展产生影响,主要体现在两个方面。第一,关联产业产生出新的产业形态,例如,体育传媒产业、体育中企业等行业逐渐壮大,它们在关联产业中的经济贡献比例越来越大。第二,传统体育产业、文化产业、信息产业等的生产、销售和消费模式改变,全民健身信息资源的流通速度加快。例如,体育类商品的云制造业、智能体育场馆建造等。通过改造,全民健身配套的体育设施资源也具有了信息通信功能。全民健身资源信息共建共享推动了传统关联产业的信息化建设和物质资源的智能化改造。因此,在制定关联产业经济发展策略的过程中,应该将全民健身配套的体育设施资源的智能化改造也纳入进来。

从区域全民健身公共服务发展视角看,区域资源整合与共建共享的特点是分担的、协作的、更多的成员共同参与的。资源整合和共建共享活动的背后是利益的共享与融合发展。因此,全民健身资源整合和共建共享主要是对关联产业活动进行协作分工,并创造共同利益的过程。资源整合主要指的是内部资源的管理,资源共建共享主要指的是外部资源的共用与互通有无。因此,在进行资源整合和共建共享改革的过程中,资源共建共享的实施办法一直以来都是各方争论的矛盾点之一。Marshall Alfred(1890)认为,因为"集聚"所产生的外部资源可以为当地企业共同享有,所以促进了当地的经济规模不断扩大。不论关联产业资源共建共享体系是在哪种环境下形成的,最终的目标是在关联产业资源共建共享体系的约束下,各个产业主体通过共同的趋向协调一致的活动,以谋求最大化的经济和社会效益。所以,全民健身关联产业资源整合和共建共享的实施方案应该首先遵循各方利益差异的"合作",再逐渐发展到共建共享整体利益最大化的"融合",实现全民健身关联产业资源配置的经济和社会整体利益的最大化。

从搭建全民健身资源数字化共建共享平台的动机来看,全民健身资源数字化共建共享空间还可以分为以公共服务为主要目的的平台和以经济效益为主要目的的平台。根据搭建的动机的不同,搭建与优化全民健身资源数字化共建共享平台的实施方案也应有所区别。对于以公共服务为主要目的的数字化共建共享平台,通常是由政府部门进行组织或委托信息中介公司进行搭建的。对于以经济效益为主要目的的数字化共建共享平台,主要是由体育产业公司进行搭建和维护,这一类的数字化共建共享平台的建设质量普遍较高,而且针对性强,能够对内部资源进行有效的信息化整合。但是,缺点在于平台中的资源量有限,"跨公司"的信息资源较少。因此,对于这样一部分已经完成信息化整合的资源,如何引导它们进行"跨公司、跨机构"之间的信息资源共建与共享,并将其纳入全民健身资源数字化共建共享平台的空间中,最终实现多方共赢,成了战略研究要解决的问题。

DNFRCS-G 的基础设施建设的实施方案主要涉及两个方面。第一,全民健身相关活动所需的体育设施资源、人力资源、体育赛事版权等资源的建设。其中,体育设施资源和体育赛事版权是全民健身的核心载体。体育设施资源指的是体育场馆、体育设施、运动装备等以物质为基本形态的资源。在体育设施资源建设的过程中,不仅要注意到体育设施资源的补充与升级,而且还要充分考虑体育设施资源的空间分布情况,做到均衡性地建设。而体育赛事版权指的是经营职业体育赛事的权利。职业体育赛事运营是全民健身的重要组成部分,是评价一个地区全民健身实施效果以及关联产业竞争力的最为重要的指标,职业体育赛事活动往往会影响到整个全民健身关联产业生态链的发展。因此,对于区域全民健身公共服务供给而言,根据区域的"物质、人力和财力"等全民健身资源的现状,稳定地开展具有群众基础的职业体育赛事,能够增强该地区的全民健身以及关联产业的活力。第二,制定全民健身资源的数字化建设和改造方案。DNFRCS-G 是全民健身与体育产业、文化产业、信息产业等产业融合发展过程中所形成的"共建共享融合发展平台",因此,信息技术是支撑 DNFRCS-G 运行与发展的重要基础。DNFRCS-G 主要涉及通信、互联网、云计算、物联网、软件工程、GIS、建筑信息模型(BIM)、信息安全、5G 等技术。

战略执行主要反映了为了实现战略设想和实施方案而采取的一系列行动。它主要体现为,战略的执行者以战略设想为努力的方向,以实施方案为行动目标,通过多种手段或方法作用于 DNFRCS-G,使其产生聚合的目的性的变化。

(二) DNFRCS-G 的运动参与空间分析

DNFRCS-G 的运动参与空间主要包括社会体育文化建设、公共体育信息服务、体育社会网络建设等相关内容。在运动参与空间中,公共体育信息服务为 DNFRCS-G 的构建提供了社会基础。同时,随着新一代信息媒体的传播的发展,全民健身信息化拓宽了体育社会网络路径,推动了体育网络社群的发展、体育网络文化的兴起以及体育资源的数字化发展。

大众对体育的关注已经超越了单纯的消磨业余时间的兴趣活动水平,形成了与媒体相结合的一种文化,现在体育和媒体的关系是密不可分的。在互联网技术发展之前,体育文化传播主要依靠电视、广播、报纸等传统媒体,在长期实践中,传统媒体逐渐积累了数量庞大的受众群体和广泛的信息来源渠道,培养了一大批具有高度专业素养的从业人员。传统媒体的内容需要经过严格的筛选,评审程序规范严谨,不同的传统媒体的内容的侧重点是不相同的。这也造就了传统媒体坚实的社会公信力和影响力。但就体育文化传播来讲,内容普遍较为轻松,因此,传统媒体的局限性比较突出。为了应对互联网时代的新挑战,拓宽传统媒体的传播渠道,扩大其传播影响力,许多传统媒体开始将主营业务向网络空间延伸,开设公司品牌的社交媒体账号、新闻客户端等,拓展网络空间传播市场,提高公司产品或服务传播的影响力。这类网络媒体定位清晰,拥有更加充足、更加专业、品质更高的信息资源,且成长期较短,短时间内就可以获得大量的用户群体,形成传播影响力。这种优势在体育新闻报道、体育赛事的直播和转播上的体现最为明显,并呈现出主导性趋势。

新一代信息通信技术的发展为体育文化信息传递创造了更多可能,以高科技传播手段为支撑的全民健身资源数字化共建共享空间已经具备了完备的传播能力,成为体育文化传播的重要媒介。全民健身资源数字化共建共享空间在信息传播的覆盖面、影响力、视觉冲击力、与现实生活节奏的契合度等方面拥有巨大优势和发展潜力。与传统媒体不同,依托新一代信息通信技术的全民健身资源数字化共建共享空间在传播速度、传播深度与广度、传播手段等方面具有巨大的技术优势,这些优势使网络媒体传播逐步变为体育文化传播的主要力量。

从空间特性来说,网络空间是虚拟的、开放的、高速的传输空间。在这个空间内,信息可以无障碍地跨地域传播,这使得网络空间拥有较现实空间更为广泛的传播受众。国际电信联盟(ITU,2019)公布的报告显示,截止到 2018 年,全球网民数量已突破 50%。根据国家互联网信息办公室对外发布的《数字中国发展报告(2022 年)》显示,截至 2022 年底,我国网民规模达到 10.67 亿人,互联网普及率达到 75.6%,如图 4-12 所示。

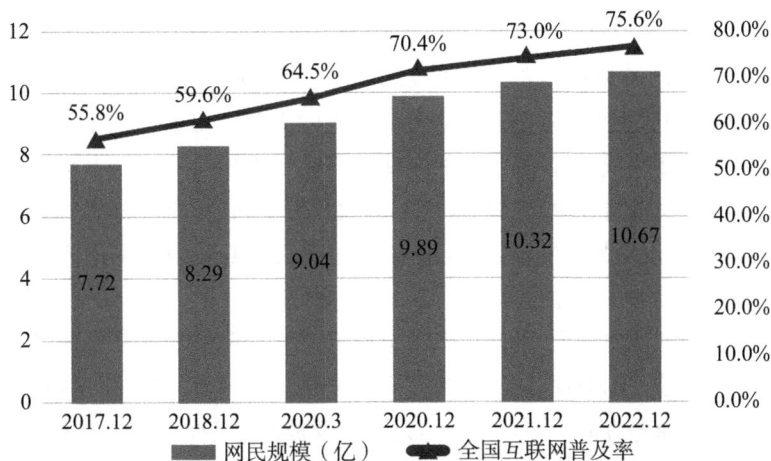

图 4-12　2017 至 2022 年我国网民规模及互联网普及率增长情况
资料来源:《数字中国发展报告(2022 年)》(国家互联网信息办公室,2023 年)

互联网几乎覆盖世界的每个地方,通过网络,全球不同国家的人可以无时差地一起观看体育赛事;全民健身资源数字化共建共享平台良好的即时性和交互性可以让体育爱好者一起讨论挖掘体育比赛的新闻,与运动相关的交流变得容易,也让不同体育文化之间的高速渗透融合变得可能。

从网络设备载体来说,网络空间以手机、电脑、平板等为载体,并呈现出小型化、便携化、智能化的发展趋势。随着各种类型的全民健身资源数字化共建共享平台或软件不断被推向市场,全民健身资源信息传播已经突破了时间和空间的限制,只要有互联网络的地方,资源信息就可以在第一时间内以图片、视频、文字信息等形式传播出去,基本实现传播主体和用户在信息传播过程上的同步,这种传播的高效性是传统媒体所欠缺的。

传统媒体一般是"一对多"的传播模式,这种传播模式下,传播主体和用户之间的地位是不平等的,用户只能被动接受信息。从网络传播主体来说,随着便携式网络设备载体的普及,产生了大量的自制媒体,全民健身资源信息的提供者不再只是资源管理者或媒体公司,运动参与者也逐渐成为全民健身资源信息的提供者。资源信息供给的多样性、社会性和生活化,使"多对一"的平等传播模式变得可能,用户对于信息的自主选择空间得到了扩展,自主性增强,进而增加了信息获取时的心理满足感,提高了全民健身资源信息的认可采纳度。

就全民健身资源信息的传播路径来看,主要有两种形式的媒体:第一种是传统媒体公司开发的网络媒体信息。第二种是自制媒体。这两种不同的网络媒体在体育文化信息传播中起到的作用是不相同的,同时两者之间又相互关联。从某种程度上可以说,自制媒体是网络媒体信息传播的扩散者。因为无论一个网络媒体平台拥有多少用户,都不可能仅靠一次信息推送,就实现信息的大范围有效传播。事实上,几乎所有全民健身资源信息的大范围传播都是在转发、转载、推送等二次传播完成的,信息承载的内涵也是在二次传播的过程中实现增值和植入的。在全民健身资源数字化共建共享的网络空间内,自制媒体的信息数量是最多的,占比也是最大的,因此,自制媒体是全民健身资源数字化共建共享网络空间内信息能够实现指数传播的基础和主要力量。

通过前期的调研发现,目前各个国家所提供的全民健身资源信息服务主要集中在体育场馆查询与预订平台、市民电子健康档案平台、健身知识查询、体育赛事直播或转播等方面。多种类型的公共体育资源信息服务平台的建立,为拓展城市公共体育资源信息服务的路径提供了支持。由于传统体育媒体的运营时间较长,经验较为丰富,因此,体育赛事直播或转播类型的信息服务平台的建设较为完备。但是其他类型的公共体育信息服务平台的建设显著滞后。以体育场馆查询与预订平台为例,在韩国,只有首尔地区的公共体育信息服务平台搭建得较为完善,而其他地区的搭建比例偏低,并且大部分平台的资源量较少。而在中国,绝大部分的城市并未建立专门的体育场馆查询与预订平台,已经搭建平台的城市,点击率仍较低,且平台功能、资源量等指标也比较低。

在政府购买全民健身公共服务的大环境下,全民健身资源数字化共建共享平台的建设水平能够对市民获取公共体育资源信息的质量产生影响。在新一代信息通信技术逐渐被应用到全民健身相关的领域中的背景下,将互联网技术与公共体育信息服务相结合,利用移动互联网、大数据、云计算、智能终端、GIS、5G等技术,构建一体化的在线公共体育信息共享服务平台,满足市民的低成本、快速、便捷的公共体育信息服务需求,是非常有必要的。如图4-13所示,构建综合性的全民健身资源数字化共建共享平台是全民健身公共服务数字化发展的方向之一。

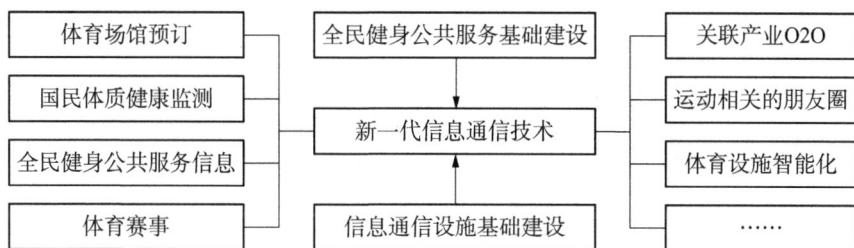

图4-13　综合性的全民健身资源数字化共建共享平台构建示意图

在社会网络化背景的趋势下,以新一代信息通信技术为核心,为大众提供形式多样的全民健身资源信息推送服务,并将这些服务集成在一个网络平台中,方便大众根据自身需要精准做出获取信息的决策。综合性的全民健身资源数字化共建共享平台能够减少人们搜索信息的时间,提高信息获取的效率和准确性。它集国民体质监测预约、体育赛事活动、体育场馆预订、社会体育指导员推荐、健身方法推荐、健身设施 GIS 服务为一体,方便人们日常的体育信息获取,将如何锻炼、在哪里锻炼、科学评估锻炼效果等多维度的服务进行融合。

借助电视、报纸、广播和网络等多元化的媒介渠道,全民健身资源的信息传播得到了显著的扩展和发展。如今,体育在各类媒体平台(尤其是新媒体平台)的推动下,已经变得无处不在,深入人心。如果媒体的影响力未曾如此深远,全民健身可能仅仅停留在个人健康和娱乐的层面,而不会像现在这样,产生广泛而深远的社会影响力。体育不仅具有健身的功能,更因其娱乐性而受到广泛欢迎。参与体育运动不仅能促进身体健康,还能为人们带来愉悦的情感体验。此外,通过体育运动,人们能够建立起新的社会联系,这些联系不仅丰富了个人的社交网络,也增强了社会的凝聚力和活力。

互联网的兴起极大地缩短了人与人之间的沟通距离,体育社交也随之迎来了革新。它不再局限于传统的线下活动,而是发展出了线上线下并行的全新模式。在全民健身资源数字化共建共享平台上,人们不仅能够与身边的同伴交流,还能与远在异地的陌生人进行激烈的讨论和互动。这种跨越地域的交流方式,不仅拓宽了体育爱好者的社交圈,也为他们提供了一个建立和扩展体育社交网络的重要途径。通过共同的兴趣和活动,原本陌生的人们得以相知相识,最终建立起深厚的友谊,这已成为体育社交网络构建中不可或缺的一部分(图4-14)。

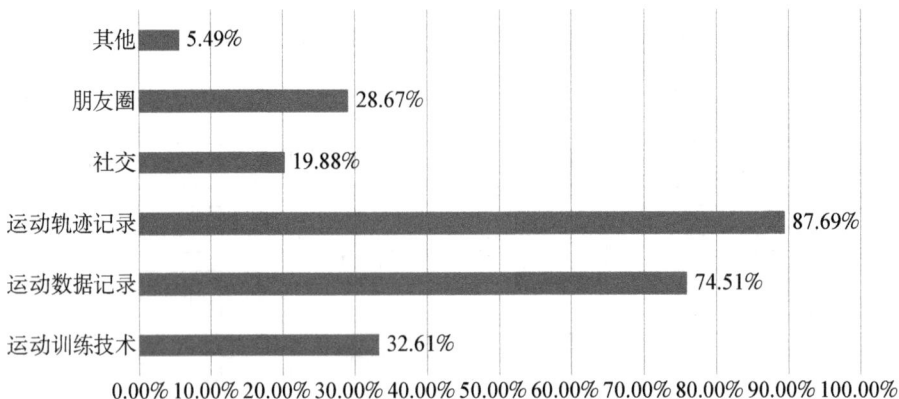

图4-14 运动 App 功能用户使用频率

全民健身资源数字化共建共享空间提供的互动环境是虚拟的。在这种虚拟的环境下,人与人之间沟通的氛围比较轻松,从而更加利于人与人之间的交流与沟通。全民健身资源数字化共建共享空间构建的体育社交网络,颠覆了人们固有的体育交际观念,对人们参与体育社交活动产生一系列影响。最近几年在中国流行着约球、约赛类 App,它以体育场馆预订平台为基础,设置了"邀请同在一个城市的陌生人一起运动"的功能。有的软件甚至应用了大数据技术,对用户的运动能力值进行准确估值,让具有相同运动能力的用户参加相同等级的比赛。同时设置了"升级功能"和分享"朋友圈"功能,尊重每个运动参与者。这一类全民健身资源数字化共建共享空间的出现,增加了人们参与体育社交的机会与频率,同时也增加了人们参与体育比赛的频率。

在全民健身资源数字化共建共享模式的介入下,人们参与运动已经不再是单纯关心技术动作、运动强度、比赛胜负等层面,运动体验成为更多人参与体育社交的重点。更多不同年龄、不同职业、不同地域、不同文化、不同性别的人在同一个平台中进行交流互动,这种模式在今天已经成为常态。

(三) DNFRCS-G 的关联产业空间分析

DNFRCS-G 的关联产业空间主要包括关联产业的生产、流通、消费和创新四个方面的内容。在 DNFRCS-G 的经济活动的上游环节,新一代信息技术已经被全民健身关联产业公司或资源管理机构广泛应用在生产与管理活动当中。最近几年,职业体育赛事直播与转播权受到了投资者的广泛关注,各个大型的体育赛事直播平台也积极推出个性化的体育赛事直播或转播形式,用来吸引平台中的用户。另外,云制造技术已经在体育制造业中实施,根据用户的个性需求,为顾客量身定制运动装备等服务,已经成为全民健身关联产业产品或服务供给的潮流。

在 DNFRCS-G 经济活动的下游环节,电子商务的蓬勃发展极大地提升了全民健身相关产业的资源流动效率。O2O(线上到线下)、B2B(企业对企业)、B2C(企业对消费者)等多样化的商业模式,结合无现金支付、二维码识别等先进技术的普及,共同推动了体育消费活动的便捷化。如今,消费者可以轻松地通过各种在线平台,享受从产品选择到支付结算的一站式服务,这不仅提高了交易的效率,也极大地丰富了体育爱好者的购物体验。

最近十年,创新 2.0 的概念被广泛应用到经济活动中。创新 2.0 使企业的知识创新、技术创新、管理创新和商业模式创新都有了新的发展形态,知识网络、大众创新、开放创新、竞争理念转变、组织结构的扁平化和网络化、收费和支付模式创新等,都成为创新 2.0 模式下企业创新的发展方向。与创新 2.0 相对应,在优化 DNFRCS-G 过程中,全民健身的发展进入了工业 4.0 时代,对应的关联产业的形态将会更加智能和开放。DNFRCS-G 的关联产业空间以满足精神需求和创造物质财富为核心,充分发挥人的主观能动作用,通过将信息技术广泛地渗透和应用到创造全民健身关联产业产品和服务,提升了全民健身关联产业经济活动的效率和活力。DNFRCS-G 的关联产业空间作用效果如表 4-26 所示。

表 4-26　DNFRCS-G 的关联产业空间作用效果

类型	现象	效果
生产活动	全民健身关联产业中的体育设施资源的信息化改造;智能化的体育用品的开发与应用;个性化的全民健身产品与服务。	全民健身关联产业的生产活动具有了智能化、网络化、集成化等特征,提升了全民健身关联产业的生产能力和服务水平。
流通活动	O2O、B2B、B2C 等流通模式被广泛应用到全民健身关联产业经济活动当中。	加速了全民健身关联产业信息流通的效率,全民健身关联产业流通路径的管理和监督更加便利。
消费活动	智能化的消费工具被广泛应用在全民健身关联产业活动当中。	改变了传统的体育消费习惯,并形成了新的体育消费方式。
创新活动	利用新一代信息通信技术构建更具开放性的全民健身资源数字化共建共享平台;全民健身关联产业管理与运营模式的信息化转型。	带动全民健身关联产业经济活动的知识创新、技术创新、管理创新和商业模式创新,有效地支撑了生产、销售和消费的创新。

(四) DNFRCS-G 的数字媒介空间分析

DNFRCS-G 的数字媒介空间主要包括信息资源的覆盖范围和质量、信息开放与共建共享程度、全民健身资源数字化共建共享平台设计 3 个方面的内容。它是连接 DNFRCS-G 中其他各空间要素的纽带。数字媒介空间以信息通信技术为技术支撑,以数字化共建共享平台和软件作为媒介,将全民健身资源及关联产业的资源的实体空间和网络虚拟空间连接起来,为人们开展全民健身及关联产业经济活动和社会活动提供便利。全民健身资源数字化共建共享平台的运行需要依托传感技术、通信技术、网络技术、软件技术和信息安全技术,在技术层面上实现全民健身及关联产业信息数据的感应、传输、存储、计算和分析,依托城市的 ICT 基础设施建设,以及体育基础设施的信息化改造,实现全民健身资源及关联产业资源信息数据的采集、传输、分析和应用。全民健身资源数字化共建共享平台依托各类信息技术,实现信息数据的整合与共享,是实现 DNFRCS-G 互联互通的核心与关键。

但在全民健身配套的物资资源共享的基础上,如何实现资源数字化的共同开发、共享,是本研究重点需要关注的问题之一。如图 4-15 所示,只有将区域范围内可供开发的全民健身资源以及关联产业的体育设施资源进行数字化整合,才能够有效地提高闲置资源的利用效率,才能够提高整个区域的全民健身资源的供给能力。

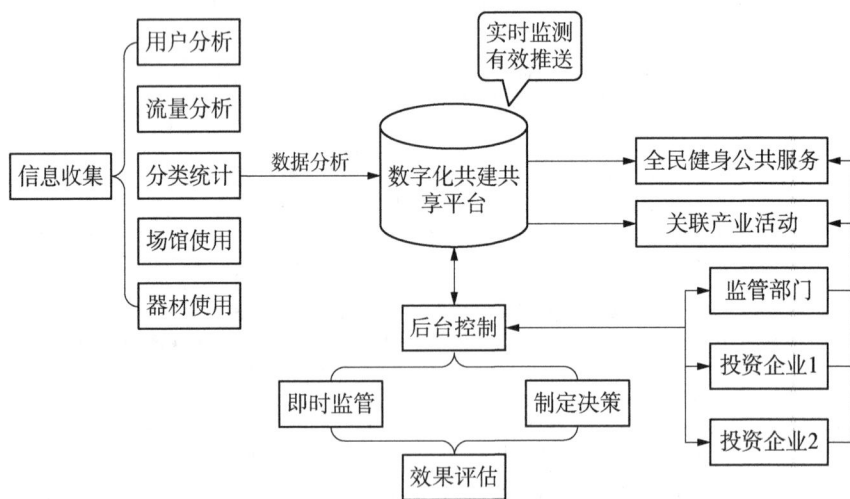

图 4-15　全民健身资源数字化共建共享平台信息处理流程

从传播学的角度来看,由于网络平台的传播特性,全民健身资源数字化共建共享平台实际上是全民健身管理机构以及其关联产业公司向外界推销产品与服务的重要媒介。因此,全民健身资源数字化共建共享平台的质量直接影响了资源供给者与运动参与者的沟通渠道的通畅性。在全民健身资源数字化共建共享平台建设过程中除了要考虑平台中的资源量与质量等因素以外,还要考虑良好的交互体验感。因此,全民健身资源数字化共建共享平台的设计层面的问题,也是影响用户对全民健身资源数字化共建共享平台的关注度的重要因素之一。全民健身资源数字化共建共享平台的设计涉及平台定位、功能设置、平台美工和资源包装等方面的问题。其中,平台定位属于全民健身管理机构以及关联产业公司战略规划层面的问题。功能设置、平台美工属于网络技术领域的问题。这三个问题是搭建全民健身资源数字化共建共享平台的必要条件。资源包装是全民健身资源数字化共建共享平台设计的核心。可以这样理解,在建设全民健身资源数字化共建共享平台过程中,平台定位、功能设置和平台美工只是平台设计的框架和外壳,而如何将所收集到的全民健身资源进行数字化包装,让它能够以更加完美的形态呈现给用户,并吸引用户去使用,是全民健身资源数字化共建共享平台的建设者需要重点考虑的问题。

(五) DNFRCS-G 的资源配置空间分析

全民健身的资源主要包括硬件资源和软件资源两类。其中硬件资源主要指的是体育场馆、运动器材等体育基础设施,它是以物质为基本形态的资源。软件资源指人力、财力、体育赛事等资源,它是以非物质为基本形态的资源。全民健身资源是全民健身活动开展的重要载体与基础。全民健身资源的质量直接影响着 DNFRCS-G 的关联产业空间和运动参与空间的运行效率。

DNFRCS-G 中的资源与传统形式的全民健身资源类型基本相同。不同之处在于,DNFRCS-G 中硬件资源的存在形态具有信息传递特征。大量的智能化设备被安装在全民健身基础设施当中,通过专门的信息分析系统对智能设备发出的信息进行收集、整理,最后再将这些信息上传至全民健身资源数字化共建共享平台中向外界进行分享。

全民健身与体育产业、文化产业、旅游产业、信息产业等产业的深度融合,以及全民健身公共服务体系自身高质量发展需要,对全民健身资源建设工作提出了新的要求,除了要保障“人、财、物”等资源的配置以外,还要重点关注全民健身配套的体育设施资源的信息化和智能化改造,使更多的全民健身体育设施资源纳入全民健身资源信息共建共享网络体系当中,提高体育设施资源的“可被发现率",让人们可以通过全民健身资源数字化共建共享平台更加方便地了解自己身边的体育基础设施的开放情况。

体育赛事资源是全民健身公共服务的重要内容,优质的体育赛事资源能够有效带动与之相关的附属产业。一直以来,体育赛事资源的开发和引进是全民健身战略推进的重点。体育赛事直播平台的出现,改变了传统体育赛事直播或转播的基本形态。一方面,传统的体育传播公司积极搭建网络平台,进行体育赛事的直播或转播活动。另一方面,大量的二级直播平台也通过购买体育赛事 IP的方式,对体育赛事进行个性化直播或转播服务。用户可以在平台中与主持人进行互动,也可以与其他的网友进行讨论。多种形式的体育赛事直播或转播方式,拓宽了人们获取体育赛事信息的渠道,也提升了体育赛事的影响力,带动了体育赛事附属产业的发展。

(六) DNFRCS-G 的层次分析

DNFRCS-G 是由政策实施空间、运动参与空间、关联产业空间、数字媒介空间、资源配置空间共同构成的。因此,DNFRCS-G 是一个开放空间,它首先由各种不同的元素组合成相应的子系统,然后由各种不同的子系统组成更高层级的主空间。Peter Checkland(1981)对空间中的系统进行了分类,将人类在自然空间进化中创造出来的空间划分为人造物理空间、人类活动空间、人造抽象空间,这 3 类系统的层级结构是逐渐上升的。因此,根据 Peter Checkland(1981)的系统分类,本研究也将 DNFRCS-G 进行分层。

在 DNFRCS-G 中,人造物理空间指的是用于支撑全民健身相关活动的基础资源,在本研究中将其命名为资源布局层。人类活动空间是指与优化 DNFRCS-G 有关联的产业活动,在本研究中将其命名为健身活动层。人造抽象空间是指对全民健身资源信息共享活动进行干预与协调,在本研究中将其命名为战略规划层。三个层次的复杂程度由低到高,它们之间的因果关系如图 4 - 16 所示。

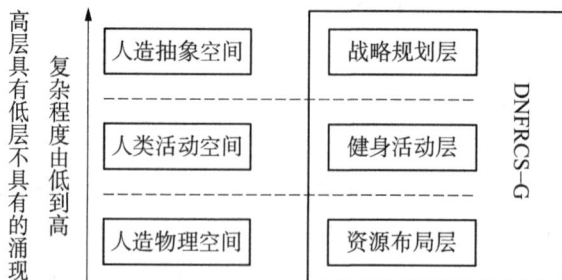

图 4 - 16 全面健身资源数字化共建共享空间的层次结构

1. DNFRCS-G 的资源布局层分析

DNFRCS-G 的资源布局层体现在全民健身资源要素的数字化与智能化改造。信息共建共享使原本比较封闭和分散的资源要素按照特定的方式连接在一起。全民健身资源要素可以通过信息传播路径,向外界传递或分享资源的存在状态。特别是在物联网技术和传感设备的辅助下,物质形态的全民健身体育设施资源已经具备了自我反馈和自动响应的能力。

DNFRCS-G 的资源要素是开展全民健身相关活动的基础,也是搭建全民健身资源数字化共建共享平台的前提条件。在 DNFRCS-G 的资源布局层中,资源要素主要包括 3 类:第一,体育设施资源,例如体育场地、运动器材、体育商品、体育商品商店、体育公园等主体建筑物或体育产业的产品实物,同时还包括停车场、绿地等辅助全民健身相关活动的附属实物。第二,信息资源,例如各种不同类型的全民健身资源数字化共建共享平台或软件,以及这些平台中的数字资源,还包括体育赛事的直播或转播权等。第三,其他资源,指的是体育设施资源和信息资源以外的资源,包括人力资源、资金资源、体育赛事资源等。

通常情况下,体育设施资源是以静止的形态存在的,而信息资源是以流动的形态存在的。信息技术运用到全民健身相关活动中以后,DNFRCS-G 中资源存在的形态发生了变化。例如,3S 技术(遥感技术 RS、地理信息系统 GIS、全球定位系统 GPS)、物联网技术、传感技术、多媒体射频技术、自动识别技术等,使运动场地从传统的物质形态转变为信息形态。这种转变将体育设施资源的基本信息同步反映在数字化共建共享空间中,实现了对全民健身相关信息的全面感知和深度感知。

在搭建全民健身资源数字化共建共享平台的过程中,利用云计算、大数据、移动互联网等技术对从物理世界转变来的数据进行存储、分析和处理,能够在一定程度上提高全民健身及关联产业的运营效率。简单地讲,DNFRCS-G 的资源布局层的作用就是对全民健身资源数据进行采集,之后将采集的数据上传至资源布局层的上层。因此,数据采集、整理和全民健身资源数字化共建共享平台的搭建工作,是在全民健身中实现资源共建共享的核心。如果没有资源要素的数字化作为保障,资源共建共享服务是很难实现的。

DNFRCS-G 的资源要素以物质形态或数字信息的形态存在于特定的空间中,它是一种复杂的经济、社会、文化现象和过程,是在特定的地理环境和社会经济发展阶段中,全民健身相关活动与资源环境相互作用的综合结果。DNFRCS-G 的资源要素的形态是在人类按照自身意志对全民健身的资源环境进行改造的过程中形成的,是人类的计划、设计、建设活动与资源环境相互作用的结果,它承载了人们进行的全民健身以及其关联产业的经济活动、社会活动、文化活动等多种多样的活动,服务于 DNFRCS-G 功能的发挥和全民健身及其关联产业数字化发展的需求。

互联网、云计算、大数据、物联网、5G 等新技术的应用,促进了全民健身数字化发展,全民健身资源的形态结构发生了变化,大量的信息资源进入资源布局层中。随着全民健身与体育产业、旅游产业、文化产业、信息产业融合发展的不断深入,资源布局层中的资源将会越来越多。

信息技术使全民健身资源的存在形式从孤立、分散、封闭转变为相互连接、相互影响,将不同属性的全民健身资源要素联系在一起,并建立了通信机制。在 DNFRCS-G 的资源布局层中,不同体育设施资源要素之间的互联是通过全民健身资源数字化共建共享平台来实现的。例如区域范围内的体育场馆分布情况、场地预订情况等,这些全民健身的体育设施资源的存在的状态的信息,都能够通过不同类型的全民健身资源数字化共建共享平台向外界分享。

在 DNFRCS-G 的资源布局层中,信息流成为主导各种静态的资源产生联系和运行的基本因素。DNFRCS-G 中的体育设施资源和信息资源的融合,促使了全民健身的体育设施资源配置空间逐渐向流动资源配置空间转化。图 4-17 展示了 DNFRCS-G 中资源配置空间转化的过程。

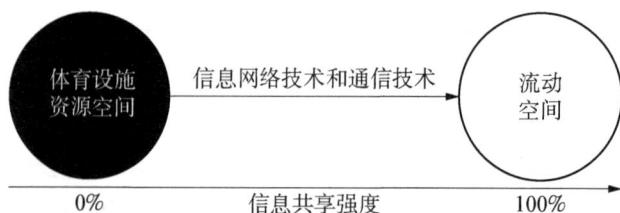

图 4-17   全民健身体育设施资源的空间转化的影响

随着信息通信技术在体育设施资源配置空间中渗透和应用强度的增加,全民健身资源的空间流动性不断增强。在理想状态情况下,如果将资源配置空间中的所有资源都进行信息化或数字化处理,并且将整理后的信息资源分享到全民健身资源数字化共建共享平台中,那么 DNFRCS-G 中的体育设施资源配置空间和虚拟网络空间能够实现无缝连接,全民健身资源配置空间就能够转化成共享化的流动空间。图 4-17 中的"信息网络技术和通信技术"包括了物联网、互联网、无线网、通信网等各类信息通信技术和网络。其中信息通信技术所支持的和信息网络中传输的都是数字化的信息,信息的"采集、生成、传输和使用"成为流动资源配置空间中的信息流动形态，也就是"信息流"。图 4-18 描述了信息在全民健身资源数字化共建共享网络中的流动过程。

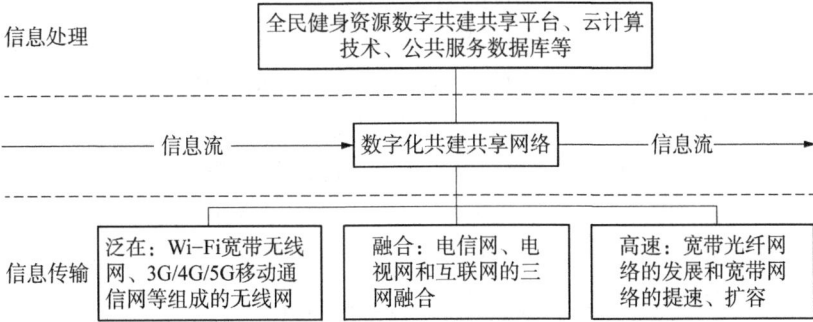

图 4-18　全民健身资源数字化共建共享网络及信息流

信息共建共享网络使信息流成为主导全民健身的各种体育设施资源要素之间产生联系和在空间中流动的重要驱动。空间中的流动性主要分为人流、物流、资金流、信息流、技术流、交通流、赛事流 7 种基本流态，并分为有形物质流和无形信息流两种形态。如图 4-19 所示，信息流涉及在时间、空间和数量上的合理配置问题，它可以帮助全民健身体育设施资源实现空间内的优化配置。而且信息流具有无形和瞬时传输的特性，所以信息流的流动在空间中会显现得更加高效。DNFRCS-G 资源布局层所构成的信息流动空间能够较好模拟出全民健身现实流动空间的状态，DNFRCS-G 中的有形体育设施资源的流动是受无形信息流所引导的。同时，有形体育设施资源与无形信息流之间存在信息反馈的关系，空间中的信息流动使全民健身资源流动更加高效合理。

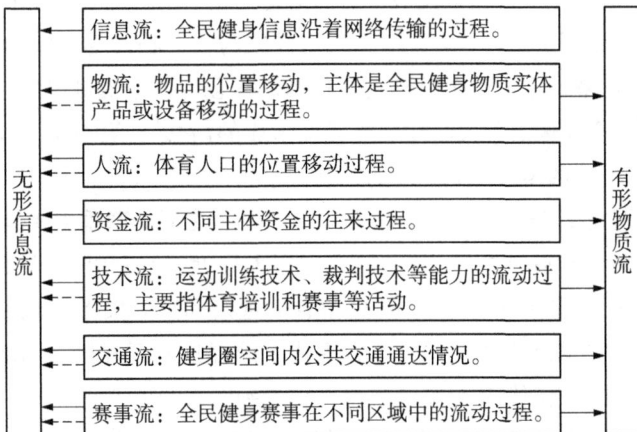

图 4-19　DNFRCS-G 资源布局层流动空间的基本流态

在 DNFRCS-G 的资源布局层中,随着全民健身体育设施资源要素的存在形态不断地发生变化,全民健身公共服务的空间形态、结构形态也发生了变化。首先,在流动空间中,无形信息流将全民健身的相关体育设施资源链接在一起,使全民健身的各个资金、设备、人力、技术、赛事等要素在网络中自由流动和优化配置,改变了传统的全民健身资源配置与布局方式。与此同时,体育赛事门票预订平台、体育场地预订平台、信息中介平台、网上银行等虚拟空间的发展,替代了部分物质空间,减少了人们对物质场所的需求。其次,随着越来越多的全民健身资源数字化共建共享空间不断被推向市场,全民健身的体育设施资源的功能空间出现了融合发展的趋势。全民健身管理机构、关联产业经营者和运动参与者的沟通渠道更加通畅了。在一定程度上,全民健身资源数字化共建共享空间扮演了中介的角色,体育产业经营者、全民健身管理机构可以通过这个中介平台直接向运动参与者推销全民健身产品和公共服务,而运动参与者也可以直接将需求反馈给体育产业经营者或全民健身管理机构。随着各种类型的全民健身资源数字化共建共享平台的介入,全民健身的体育设施资源的信息将会更加透明。

2. DNFRCS-G 的健身活动层分析

DNFRCS-G 的健身活动层反映了全民健身相关活动中所呈现的信息流通与共建共享的形态。DNFRCS-G 的资源布局层通过信息共建共享网络实现了全民健身各类资源要素之间的联动,改变了人、场地、赛事、技术等要素之间相对闭塞的状态。DNFRCS-G 的健身活动层比资源布局层的层级高一个等级,健身活动层主要体现了全民健身资源信息共建共享所编织的网络对全民健身相关活动的影响。

信息共建共享让全民健身所产生的社会网络和关联产业经济结构产生了新的特征形态。社会层上,在全民健身资源信息共建共享的网络支撑下,人与人之间的社会网络得到了延伸,实现了"人与人""人与物""物与物"之间的随时随地的连接,并在此基础上激发全民健身各项活动的创新。全民健身中的社会网络是"人与人"在全民健身相关活动中所逐渐形成的,它是社会行动者及他们之间关系的集合,反映的是人与人之间的连接关系。

在互联网尚未普及的年代,体育活动中人与人之间的联系主要建立在赛事、地域和血缘等传统基础之上。这些联系在很大程度上受到时间、空间和物理距离的限制,同时也受到交往频率、地理位置的远近和人际关系亲疏等因素的约束。然而,随着互联网的兴起,以 BBS 为代表的虚拟社区开始在网络世界中蓬勃发展,人们的社交网络得以从现实世界扩展到网络的虚拟空间,催生了一种全新的社交媒体网络形态。新一代信息通信技术的不断进步和普及,尤其是移动通信和社会性网络服务（SNS）等社交媒体网络技术的广泛应用，全民健身相关活动中的人际交往模式得到了极大的拓展。人们之间的信息交流结构由传统的"圈"式向更为灵活的"链"式转变，如图4-20所示。在这种"链"式的网络关系中，交流方式由"多对一"转变为"一对一"，形成了一种更为扁平化的信息共建共享网络结构。这种结构不仅促进了信息的快速流通，也极大地便利了人们在全民健身活动中构建属于自己的"体育社交圈"。简而言之，互联网的发展为全民健身带来了革命性的变化，使得人们的体育社交活动不再局限于物理空间，而是可以在虚拟的网络世界中自由延伸，形成了一个更加开放、互动和多元的社交网络。这不仅丰富了人们的体育体验，也为全民健身的推广和发展注入了新的活力。

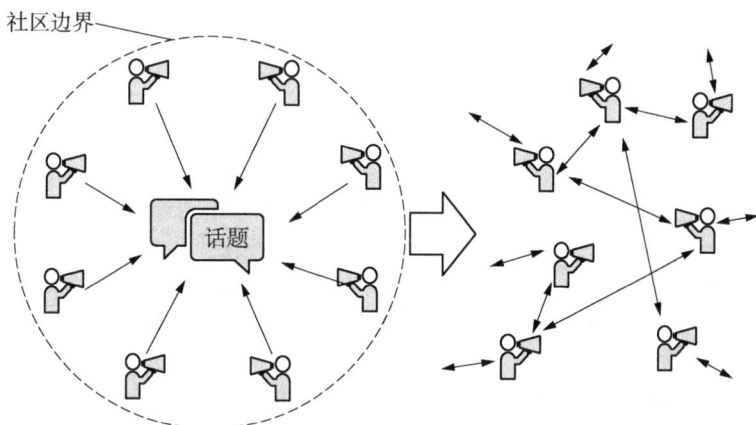

图4-20　信息技术影响下的信息网络结构的演变过程

　　数字化发展使全民健身相关活动中的人与人之间的社会网络更加复杂多样，突破了原有的赛事、地域、血缘等关系的社会网络模式，传统的社会网络与信息共建共享网络相互融合，形成了新的社会网络关系。另外，信息共建共享网络的发展使人与人之间的交流突破了时间和空间的限制，人们可以利用各种各样的数字化共建共享平台进行沟通，并建立新的社会网络关系。因此，全民健身资源数字化共建共享平台的介入，提高了全民健身相关活动的互动的频率和深度。

　　信息技术所构筑的信息网络和社会网络拓宽了人与人、人与物、物与物之间实现随时随地连接的路径。在全民健身相关活动中物理世界、空间组织和人的动态出现了新的形态。如图4-21所示，从物与物之间的连接方面来分析，新一代信息通信技术将场馆、设备、周围环境等连接在一起，并将各个体育设施资源的存在状态传送到全民健身资源数字化共建共享平台之中。从人与物之间的连接来分析,全民健身资源数字化共建共享平台的管理者或关联产业经营者利用大数据技术收集和分析健身人群的健身信息。从人与人之间的连接来分析,全民健身管理者或关联产业经营者根据运动人群的反馈信息,改进全民健身公共服务的模式,为不同类型的运动参与者提供决策参考。

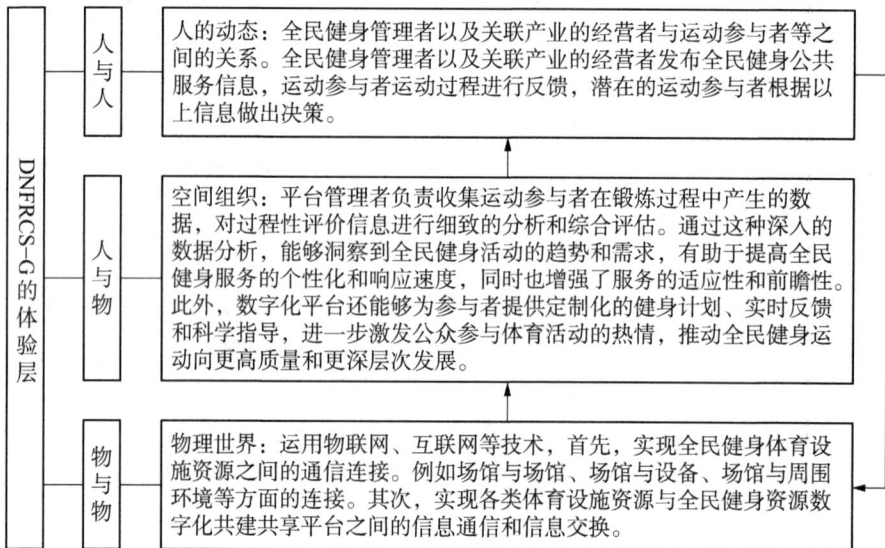

图 4-21 DNFRCS-G 中的各种类型的连接与应用

经过上文分析,DNFRCS-G 的健身活动层与资源布局层存在着向上因果关系。从下至上来看,DNFRCS-G 的资源布局层是包含于健身活动层中的,资源布局层是健身活动层的基础。从上至下来看,DNFRCS-G 的资源布局层进入健身活动层之后,资源布局层具有新的特征和存在的形式,这种新的特征是以信息服务为基础的。DNFRCS-G 健身活动层的信息服务表现为,在 DNFRCS-G 中,人们可以更加科学地、高效地、合理地开展与全民健身相关的健身活动、赛事活动、体育产业活动、体育文化活动等,新构成的信息网络为人们开展全民健身相关活动提供了很多便利。

在全民健身公共服务领域,通过数字化手段,管理者不仅提高了服务的效率和质量,而且使得相关决策过程更加科学和精准。这使得全民健身公共服务提供者能够更明智地执行关键政务活动,包括但不限于体育设施的配置与更新、社会体育协会的组织管理、社会体育指导员的专业培训、全民健身公共服务的推广、政策的制定以及各类赛事的运营等。在 DNFRCS-G 优化框架的指导下,公共服务提供者与信息服务机构正积极利用物联网、云计算、移动互联网、大数据、

5G 等前沿信息通信技术,共同构建一个具有公共性质的全民健身资源数字化共建共享平台。这一平台的搭建,无论是通过官方有组织的规划还是民间体育协会或团体自发的社区行动,都极大地促进了全民健身资源与信息的共享,为公共服务提供者与社会公众之间建立了更直接的沟通桥梁。这种沟通方式的优化,不仅提升了全民健身公共服务的响应速度和服务质量,也增强了公众参与体育活动的便利性和积极性,从而为全民健身公共服务注入了新的活力和效率。

数字化转型为全民健身关联产业公司带来了生产、管理、经营和服务效率的显著提升,同时在一定程度上有效降低了运营成本。这使得关联产业公司能够更加高效地开展营销活动,实现成本效益的最大化。在创新环节,数字化手段极大地拉近了市场与用户之间的距离。关联产业公司的研发和创意可以直接源自消费者的需求,实现基于消费者反馈的"私人订制"服务。这种以用户为中心的创新模式,不仅缩短了市场调研的时间,也提高了产品与服务的针对性和满意度。在销售环节,数字化转型拓宽了关联产业公司的销售渠道。电子商务和网络营销已成为全民健身关联产业公司的重要营销手段,使得公司能够以更低的成本触及更广泛的客户群体。通过线上平台,关联产业公司能够减少对传统销售渠道的依赖,从而降低人力成本的支出,提高整体的市场竞争力。数字化转型为全民健身关联产业公司提供了前所未有的发展机遇,从创新到销售的每一个环节,都因技术的赋能而变得更加高效和精准。

从运动参与人群的视角来看,首先,人们能够从众多的全民健身资源信息中挑选出自己感兴趣的信息,运动参与人群对于全民健身资源信息的获取范围和深度拓宽了。其次,运动参与人群能够享受到比原来更加便捷和高效的全民健身公共体育信息服务,提升了体育生活质量。再次,各种类型的全民健身资源数字化共建共享平台为运动参与者提供人性化的服务,在一定程度上调动了潜在的体育爱好者的运动参与积极性。DNFRCS-G 建立的随时随地、高速便捷、低价优质的全民健身资源信息共建共享网络,以及依托这些信息共建共享网络而升级的社会网络,使人们能够便捷地获取所需各类全民健身公共服务信息,相关的信息为他们进行有效的体育社会活动、身体锻炼活动提供了重要的帮助。

3. DNFRCS-G 的战略规划层分析

DNFRCS-G 的战略规划层是整个平台的顶层设计,它的核心使命是为全民健身资源的数字化共建共享进程制定宏观战略,并负责对平台的整体运行进行精准调节与有效控制。该层级的职能超越了单纯的健身活动实施,它立足于更宏观的视角,以推动"数字赋能构建更高水平的全民健身公共服务体系"为愿景,为公众参与全民健身活动提供战略指导和营造有利环境。DNFRCS-G 的战略规划层依托政策决策者和研究者的深刻市场洞察力,制定出既科学又前瞻的发展战略。这些战略旨在指导资源布局层和健身活动层之间的协同工作,确保两者之间的高效互联互通。通过顶层设计的优化,战略规划层致力于打破信息孤岛,促进资源共享,从而为全民健身及其相关产业的融合发展提供坚实的支撑。最终,DNFRCS-G 战略规划层的目标是推动全民健身事业的全面发展,通过提供更优质的公共服务产品与服务,让每一位社会成员都能享受到全民健身带来的益处,实现健康、活力的生活方式。

信息资源的共建共享是全民健身战略的一种基本发展形态,它意味着全民健身与信息产业更好地融合发展,这种发展模式以互联网、物联网、云计算、移动互联网、5G 等新一代信息通信技术为手段,结合人的理性引导和控制力量,推动全民健身相关活动产生更大的社会效益和经济效益。其中,要实现人的理性引导和控制力量,首要条件是要科学地制定全民健身关联产业发展战略,这样才能够对区域全民健身的发展引导和调控。因此,DNFRCS-G 的战略规划层主要反映的是政府如何通过制定战略规划对全民健身的运动参与空间和关联产业空间进行调控,让全民健身相关活动中的信息传递更加准确、通畅、高效和全面。

通常而言,全民健身公共服务相关政策和实施方案的制定需要考虑以下三个方面。第一,提出拟达到的设想或目标,根据战略设想进行相关的调研与研究,在此过程中需要综合分析内部环境与外部环境,对最初的战略设想进行修正。第二,制定详细的实施方案。第三,制定战略实施的保障方案与监督措施。以上的三个方面只有都发挥作用,才能够最终发挥出全民健身战略在各地的落实效果。

与此同时,对于制定全民健身公共服务规划与策略而言,其还受到三个方面的制约。第一,该地区对于全民健身数字化发展的现实需求;第二,运动参与者对于更加方便地获取身边的全民健身相关信息的需求;第三,构建更高水平的全民健身公共服务体系的需求。因此,制定一个与地方发展相适应的全民健身公共服务规划与策略是更高水平构建全民健身公共服务体系的发展必然。通过前期的调研发现,大部分国家已经在布局和建设全民健身资源数字化共建共享平台或软件。制定 DNFRCS-G 发展战略,首先要通过相关的研究在理念上形成发展战略的设想,然后通过长期性、全局性、整体性的谋划,将这一设想转变为具体的行动方案,最后通过监督的方式评估行动方案的实施效果,实现对区域全民健身资源数字化共建共享空间的合理调控,使全民健身公共服务体系适应数字化发展环境。在图 4-22 中,DNFRCS-G 战略规划层的结构关系被清晰地勾勒出来。

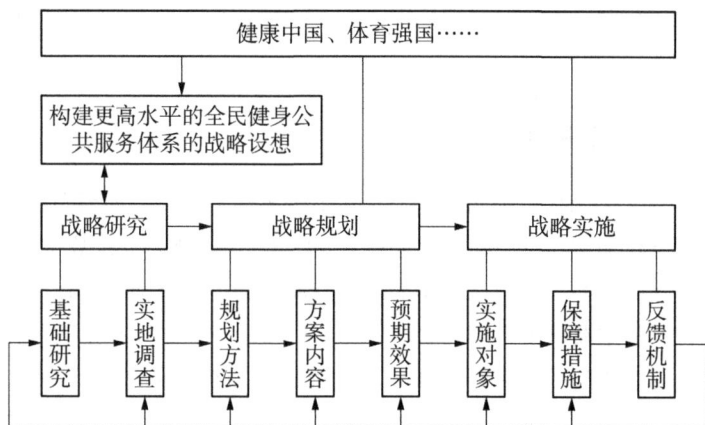

图 4‑22　DNFRCS-G 发展战略的组成部分

　　战略设想和战略研究构成了战略制定的基石。通过深入的基础研究和实地调查,我们能够全面分析全民健身资源数字化共建共享战略在制定和实施过程中可能遭遇的发展环境挑战。这一阶段的工作旨在明确战略的内涵、目标、功能和定位,同时对 DNFRCS-G 的基本功能和内涵目标进行细致的分析和优化。进一步地,将优化后的 DNFRCS-G 与全民健身的发展趋势紧密结合,形成一个全面的优化方案。该方案不仅关注技术层面的创新,也考虑了社会、经济和政策等多方面因素,以确保战略的全面性和可行性。实施方案的制定是战略规划过程中的关键一环。它涉及利用特定技术和方法对优化 DNFRCS-G 建设的主要内容进行系统排序和明确分工,确立实施的重点领域和执行方法。这一环节要求精确的规划和高效的资源配置,以确保战略能够顺利落地。战略执行是实施阶段的核心,它要求依照实施方案的具体内容,进行有针对性的实施、干预、控制和反馈。执行过程中,明确实施对象,激发参与各方的积极性,并通过政策支持、法规指导、人才培育、资金投入和制度建设等保障措施,设计出科学合理的运营模式。这些措施共同推进 DNFRCS-G 建设的组织和运作。同时,执行阶段还包括根据实施过程中的反馈,对战略设想和实施方案进行必要的调整和优化,以应对不断变化的环境和需求。整体而言,DNFRCS-G 战略规划层的设计和执行是一个动态的、迭代的过程,它要求持续的监测、评估和调整,以确保平台能够灵活应对外部变化,同时保持其服务全民健身资源数字化共建共享的核心使命。

　　综上所述,DNFRCS-G 的战略规划层通过战略设想、战略研究、战略规划、战略实施等多个方面的联系与配合,对 DNFRCS-G 的健身活动层和资源布局层进行调节与控制。DNFRCS-G 的战略规划层在健身活动层和资源布局层的基础上,产生了许多新的特征,主要表现为其具有指导构建全民健身公共服务体系的能力。

五、空间模型构建

模型是研究系统状态空间最重要也是最基本的工具。空间模型就是对空间的本质属性进行描述,它以特定的形式(例如:文字、符号、图表、数学公式等)描述空间要素间的关系。空间模型是对现实空间的描述、模仿和抽象,它由反映空间本质或特征的主要因素构成,它集中体现了这些全民健身资源数字化共建共享空间中各要素之间的关系。本部分以系统科学和空间地理理论为基础,结合DNFRCS-G 要素、结构与层次的分析结果,构建 DNFRCS-G 模型。

通过上文的分析,DNFRCS-G 是由政策实施空间、运动参与空间、关联产业空间、数字媒介空间和资源配置空间组成,并且分为战略规划层、健身活动层、资源布局层。从空间的结构和层次来分析,5 个子系统和 3 个层级具有不同的复杂程度,如图 4‑23 所示。DNFRCS-G 的层级由资源布局层向战略规划层逐渐上升。

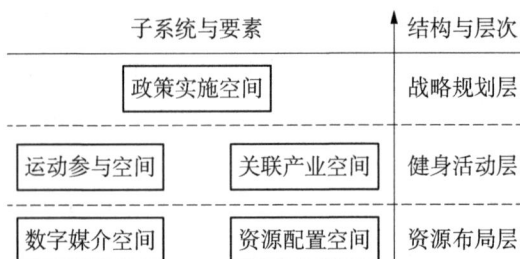

图 4‑23　DNFRCS-G 要素、结构与层次

根据 WR Ashby 在 1956 年提出的"控制论与必要的多样性(Cybernetics and Requisite Variety)"法则,一个有效的控制系统必须具备至少与被控系统相等或更高的多样性。换言之,控制者的多样性和复杂性必须匹配或超越受控客体所代表的客观环境,以确保有效控制。在 DNFRCS-G 的背景下,这意味着全民健身资源管理机构或相关产业企业在制定战略设想、实施方案和保障措施时,其战略规划层面的复杂性必须超越运动参与活动、关联产业活动以及公共体育资源环境优化活动的复杂性。同样地,全民健身的社会活动和关联产业的经济活动的复杂性也应当超越配套的基础资源环境,以确保能够有效地进行改造和升级。本研究在参考了 MC Jackson 于 2003 年提出的"复杂系统控制与通信理论"的基础上，对 DNFRCS-G 的三大层次和复杂系统控制与通信的对应关系进行了细致梳理，如图 4-24 所示。这一分析不仅揭示了各层次之间的关系，也为如何设计和实施有效的管理策略提供了理论支持。

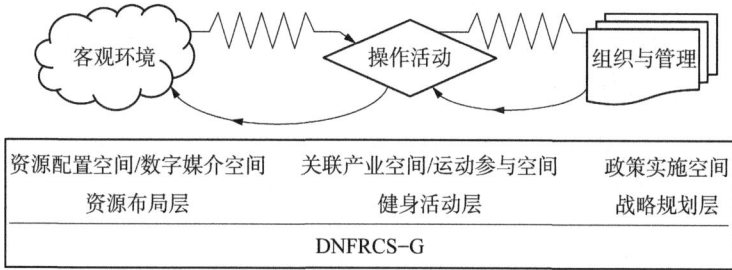

图 4-24　DNFRCS-G 层次和复杂系统控制与通信的关系

DNFRCS-G 的控制与通信关系可以利用"有生命力的系统模型"（Viable System Model，VSM）进行分析。1972 年，Stafford Beer 在他的著作"Brain of the Firm"中提出了有生命力的系统模型（图 4-25）。

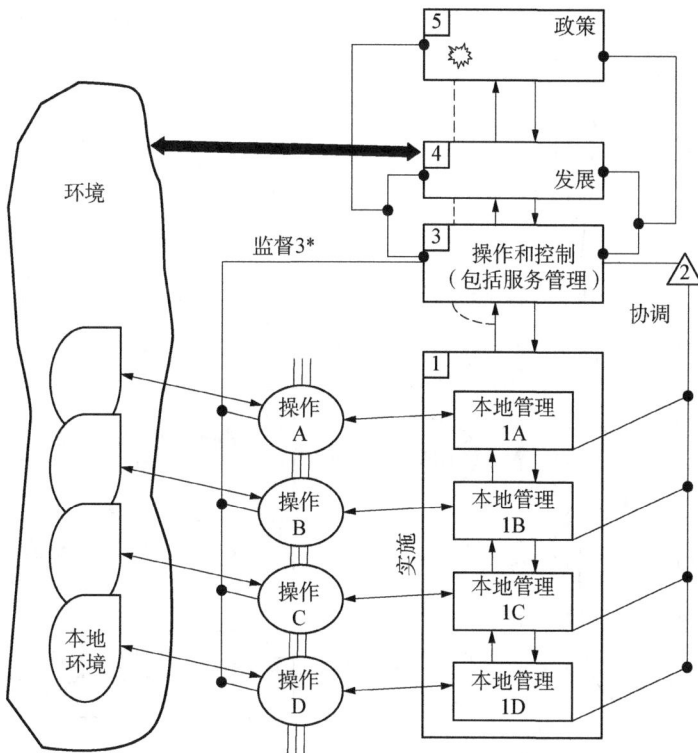

图 4-25　Stafford Beer(1972)的 VSM 模型

Stafford Beer 提出的 VSM 模型能够解释复杂组织行为的生存原理。VSM 模型通过信息与控制环的合成物将 5 个子系统连接起来。5 个子系统通过相互联系、相互作用组成 VSM 模型，VSM 模型描述复杂系统运行的控制规律和原则。VSM 模型揭示了 DNFRCS-G 的子系统和层次的通信控制规律，本研究将 VSM 模型的原理运用在 DNFRCS-G 中，有生命力的 DNFRCS-G 模型中各要素结构、层次与相互作用关系如图 4-26 所示。

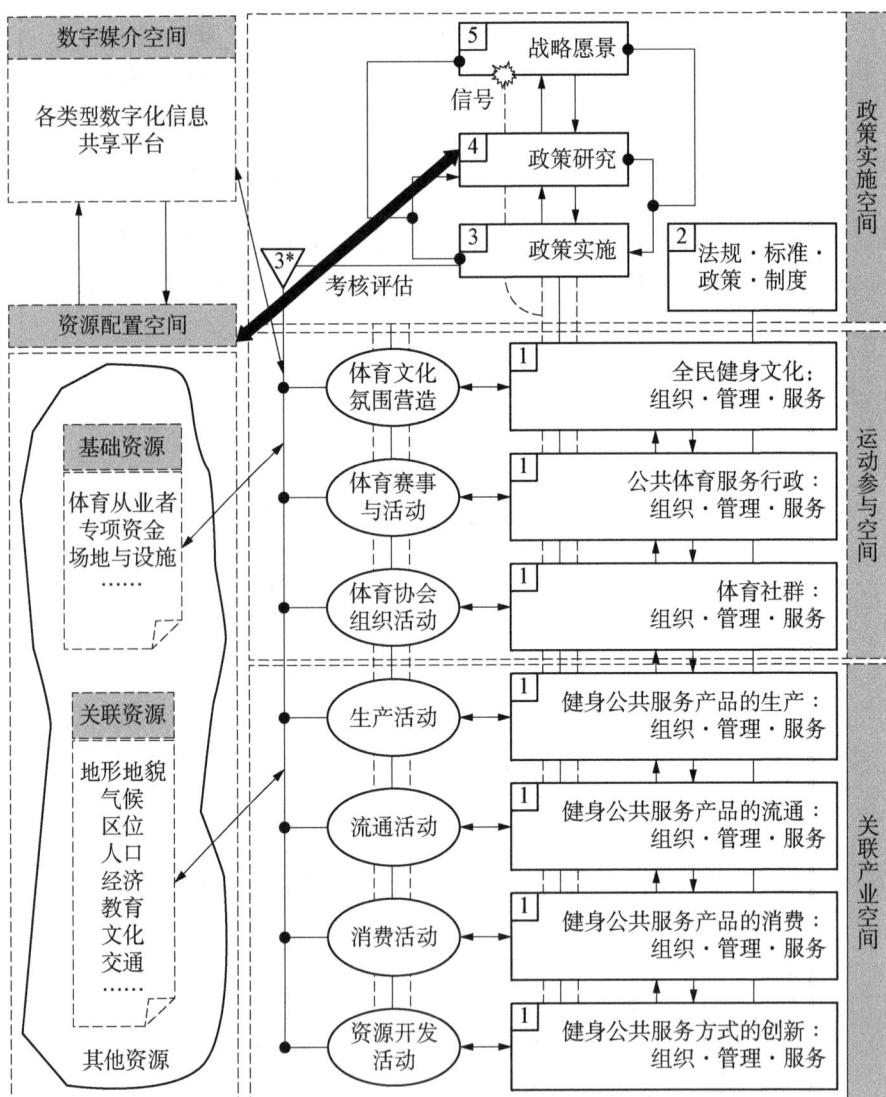

图 4-26 有生命力的 DNFRCS-G 模型

在图 4-26 中,根据 Stafford Beer(1972) 的 VSM 模型原理,将 DNFRCS-G 的子系统层次进行有序组合,本研究构建的有生命力的 DNFRCS-G 模型与 VSM 模型相互对应,具体分析如下:

第一,VSM 模型中的"整体环境"和"本地环境"对应了 DNFRCS-G 的资源布局层。资源布局层中的"整体环境"是 DNFRCS-G 中的资源配置空间,它是 DNFRCS-G 的基础或载体,不同之处在于 DNFRCS-G 中的资源配置空间是具有信息通信特征的,它能够在新一代信息技术的支撑下进行资源间的信息传递。

资源布局层中的"本地环境"代表着 DNFRCS-G 的数字媒介空间,它是利用新一代信息技术,将全民健身相关资源进行信息化整合,并通过全民健身资源数字化共建共享平台进行信息共建共享。在 DNFRCS-G 中,全民健身资源数字化共建共享平台是开展体育活动的技术载体,信息资源是开展全民健身相关活动的信息载体。在 DNFRCS-G 的资源布局层中,数字媒介空间中的全民健身资源数字化共建共享平台和信息资源被广泛应用到全民健身相关活动中,促使了资源配置空间中的资源形态发生变化,增强了全民健身各类型资源在空间中的流动性。

第二,在 DNFRCS-G 框架内,"系统 1"与健身活动层紧密对应,涵盖了一系列多样化的实时操作活动。这些活动根据全民健身的广泛需求被细分为 7 个主要类型:体育文化氛围营造、体育赛事与活动、体育协会组织活动、生产活动、流通活动、消费活动、资源开发活动。每一种活动都是全民健身生态系统中不可或缺的一部分,它们共同构成了全民健身丰富多彩的活动图景。这些活动类型不仅丰富了全民健身的实践,也为关联产业带来了发展机遇。它们在战略规划层的精心引导和调控下进行,确保了活动的有序性和战略一致性。通过这种方式,DNFRCS-G 的战略规划层确保了健身活动层中的各种活动能够有效地响应全民健身的整体目标和愿景,同时也为关联产业的发展提供了清晰的方向和动力。在这一过程中,"系统 1"的运作不仅体现了对全民健身活动类型的深刻理解,也展现了对如何通过战略规划来激发和协调这些活动的高度认识。通过这种结构化的方法,DNFRCS-G 能够确保全民健身活动层的活力和效率,同时为整个系统的可持续发展奠定坚实的基础。

在 DNFRCS-G 的战略规划层中,"系统 2"与"系统 3"联合承担了战略实施和执行的关键角色。它们依据实施方案的具体内容,并结合资金、体育设施、人力资源等客观条件,对体育文化氛围营造、体育赛事与活动等七种类型的活动进行精心的组织、管理和服务。为了确保对健身活动层的实时监控和质量控制,定期的考核评估机制被建立起来,用以检查和评估各项活动的发展情况和在整个系统中的表现。同时"系统4"专注于战略研究和制定实施方案,确保战略规划的科学性和前瞻性。而"系统5"则着眼于战略设想,为整个DNFRCS-G的战略规划层提供创新思维和方向指引。为了科学地调节与控制DNFRCS-G中的各类活动,"系统2"在执行过程中还需制定相应的政策法规和标准规范,以促进活动的协调性和一致性。这些活动不仅受到资源布局层的支持,更是战略规划层精心设计的结果。它们相互作用、相互促进,共同构成了DNFRCS-G的运动参与空间和关联产业空间,推动了全民健身资源的共建共享和整个体育产业的协调发展。

为了有效发挥战略执行的控制功能,首先,战略执行要与战略设想进行连接,战略执行者要充分理解战略设想的真实含义。其次,战略执行要与健身活动层相连接,按照战略设想的要求对健身活动层中的各类活动进行协调。同时,"系统2"也属于战略执行的组成部分,全民健身相关的政策法规和技术标准等,能够对健身活动层中各项活动进行调节。制定实施方案是战略规划层中的重要一环,首先,它要对DNFRCS-G的内部环境和外部环境进行客观的调查和分析,然后根据分析结果制定短期、中期、长期的行动方案。因此,实施方案的科学性和可行性,是实现战略设想的重要前提条件。"系统5"在VSM模型中代表政策,为了发挥DNFRCS-G的政策功能,需要针对战略设想做出具体的设计,明确战略目标和战略重点。战略设想是DNFRCS-G的顶层,它负责对"怎样推动全民健身与体育产业和信息产业的融合发展?"的问题进行描述。由此可见,战略规划层和政策实施空间是DNFRCS-G的核心,它建立了整个DNFRCS-G的通信和控制机制。

总的来说,本研究构建的DNFRCS-G模型能够描述全民健身资源数字化共建共享空间内部的通信与控制规律。

DNFRCS-G是由全民健身以及其关联产业间的融合发展而形成的具有信息共建共享特征的系统。通过上文的研究发现,在DNFRCS-G的形成和运行过程中,首先是数字技术与全民健身各类资源相结合,对大量的全民健身体育设施资源进行了数字化改造和升级,形成了大量的全民健身无形的信息资源,这些信息资源通过全民健身资源数字化共建共享平台向外界传播,为全民健身相关活动提供帮助,构建了具有数字化特征的全民健身相关活动形式。然后是人(包括:政策决策者、全民健身研究者、全民健身管理者、关联产业企业经营者、运动参与人群等)与数字化的全民健身相结合,构建了具有数字化共建共享特征的全民健身公共服务发展系统空间。

DNFRCS-G内部是相互联系和相互影响的,共同构建了具有数字化共建共享特征的全民健身公共服务发展系统。在 DNFRCS-G 中,资源配置空间和数字媒介空间位于资源布局层中,它们是新一代信息技术对全民健身各类型资源进行信息化改造的结果,相关的搭建与建设工作共同构建了 DNFRCS-G 的子系统。关联产业空间和运动参与空间位于健身活动层中,主要体现了全民健身关联产业经济活动和社会活动中所出现的数字化共建共享形态,它们是在资源配置空间和数字媒介空间的支撑下,运动参与者利用各种数字资源开展各种活动的过程,相关的活动集结成了 DNFRCS-G 的子系统。政策实施空间位于战略规划层,它以人的"洞察、远见、睿智"制定适应全民健身及其关联产业融合发展的战略方案,并对 DNFRCS-G 的各个子系统的建设工作进行协调,使整个 DNFRCS-G 表现出更加科学、合理的发展模式,实现全民健身更高水平的可持续性发展。

　　本研究对 DNFRCS-G 的空间模型进行构建与优化,是为了对数字化的全民健身资源供给体系进行更加准确的描述,它以固定的结构形式描述 DNFRCS-G 要素之间的关系。通过图 4 - 27 可以看出,政策实施空间、运动参与空间、关联产业空间、数字媒介空间和资源配置空间之间存在着相互联系、相互作用、相互依存的关系。

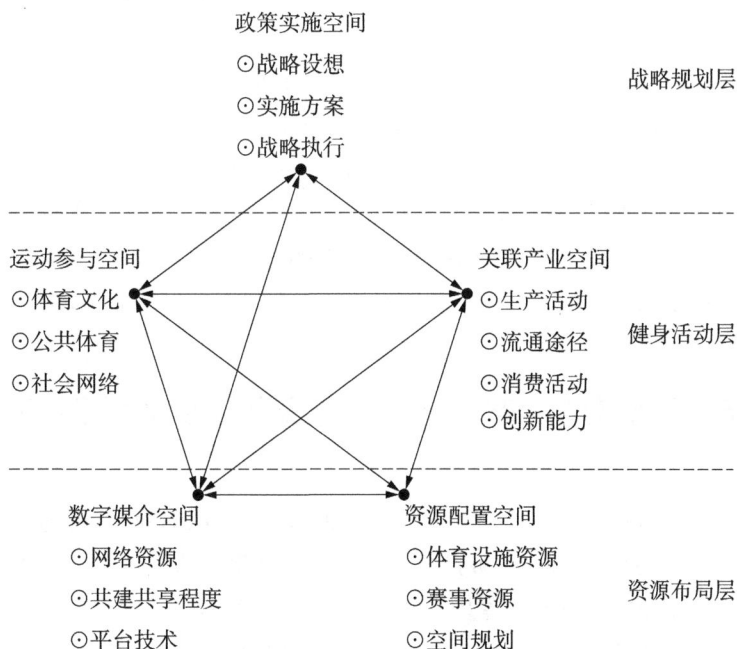

图 4 - 27　DNFRCS-G 模型

DNFRCS-G 的形成、运行和发展是一个复杂的过程，它是由资源配置空间、数字媒介空间、关联产业空间、运动参与空间、政策实施空间之间的联系和作用而实现的。

政策实施空间是让 DNFRCS-G 呈现数字化共建共享特征的核心，它通过设计战略愿望、科学地制定实施方案、有效地进行监督执行、发挥政策调控力量等方式，推动资源配置空间中的全民健身各类型资源进行数字化改造和升级，通过搭建全民健身资源数字化共建共享平台，使全民健身各类型资源配置空间的流动速度加快，使关联产业经济活动更加高效，使全民健身公共服务资源供给方式更加人性化。政策实施空间对资源配置空间、数字媒介空间、关联产业空间、运动参与空间进行控制和协调，使整个 DNFRCS-G 的运行更加通畅。

关联产业空间和运动参与空间代表着全民健身相关活动中的人的活动，它们是 DNFRCS-G 中最有活力和创造力的组成部分。在政策实施空间的控制和调节作用下，在资源配置空间和数字媒介空间的支撑下，运动参与空间通过创造良好的体育社会环境与条件促进体育社会的发展。关联产业空间通过创造更加高效的生产、销售和消费环境，为人们带来了人性化的全民健身服务体验，同时也促进了全民健身关联产业经济的发展。由此可见，关联产业空间和运动参与空间共同打造了一个适合更高水平的全民健身公共服务体系发展的社会和经济环境。

数字媒介空间和资源配置空间代表着全民健身的有形和无形两类资源。数字媒介空间和资源配置空间是在政策实施空间的影响下形成的，它们为 DNFRCS-G 中的人们提供各种类型的资源。其中，数字媒介空间为人们参与全民健身相关活动提供信息资源，资源配置空间为人们参与全民健身相关活动提供资源场所。由此可见，资源配置空间和数字媒介空间共同构成了全民健身数字化发展的基础条件。

第五节　案例分析：SH 市全民健身资源数字化共建共享实践

DNFRCS-G 模型按照通信与控制机制，构建了 DNFRCS-G 内部的关系。目前，大部分国家和地区都在积极推进全民健身数字化改革工作，其中，全民健身资源数字化整合以及搭建共建共享平台的开发与应用是改革的重点之一。为了观察各个地区的改革效果，本部分选择了全民健身公共服务体系较为发达的 SH 市作为个案研究对象，结合 SH 市全民健身资源数字化发展的实际情况，对

SH 市的 DNFRCS-G 的要素、结构及空间模型进行分析,并结合相关理论为 SH 市的全民健身公共服务体系政策提出针对性的建议。

一、SH 市全民健身资源数字化共建共享空间要素分析

本研究在进行结构方程模型检验的问卷调查过程中,分别在 SH 市的 7 个行政区,对 97 名市民进行了问卷调查。问卷回收的基本情况如表 4-27 所示。通过对 SH 市的 97 名问卷调查对象的问卷进行统计,发现 SH 市市民对 SH 市 DNFRCS-G 构建现状认可度在"一般"到"同意"之间。问卷调查显示,SH 市市民对 SH 市 DNFRCS-G 的政策实施空间的建设现状普遍较为"认可"。战略设想的分值为 4.01 ± 0.784,实施方案的分值为 3.84 ± 0.804,这两项分值都在"同意"的档次。而规划执行的分值相对较低,为 3.48 ± 0.647,说明 SH 市需要加强关于优化 DNFRCS-G 的战略执行力。

表 4-27 SH 市问卷回收统计

指标	选项	人数	占比百分比/%	指标	选项	人数	占比百分比/%
年龄	≤19 岁	1	1.0	婚姻	未婚	64	66.0
	20~29 岁	11	11.3		已婚	26	26.8
	30~39 岁	30	30.9		其他	7	7.2
	40~49 岁	34	35.1	学历	高中及以下	5	5.2
	50~59 岁	21	21.6		大学本科	39	40.2
性别	男	58	59.8		硕士及以上	53	54.6
	女	39	40.2	工资	≤3 000 元	2	2.1
职业	公务员	11	11.3		3 000~5 000 元	7	7.2
	管理者	7	7.2		5 000~7 000 元	28	28.9
	服务者	10	10.3		7 000~9 000 元	40	41.2
	研究人员	19	19.6		9 000~11 000 元	20	20.6
	其他	50	51.5				

2018 年 1 月,SH 市发布了《SH 市城市总体规划(2017—2035)》,提出要把 SH 市建设成为卓越的全球城市,建设为令人向往的创新之城、人文之城、生态之城,成为具有世界影响力的现代化国际大都市。在全民健身与关联产业领域,SH 市政府颁布了《SH 市体育事业发展"十三五"规划》《SH 市关于构建更高水平全民健身公共服务体系的实施意见》《SH 市全民健身实施计划(2021—2025

年)》《关于本市推进全民健身工程加强体育场地设施建设的意见》和《SH 市人民政府关于加快发展体育产业促进体育消费的实施意见》等文件,对 SH 市未来全民健身以及关联产业的发展进行了规划。SH 市体育产业发展的战略目标是:"到 2025 年,基本建成与全球著名体育城市和健康 SH 相适应的全民健身公共服务体系。到 2035 年,基本建成与具有世界影响力的社会主义现代化国际大都市相适应的更高水平全民健身公共服务体系。全市人均体育场地面积达到3.0 平方米左右,经常参加体育锻炼人数比例达到 57% 左右,每万人拥有体育健身组织 35 个,市民体质达标率达到 98% 左右、优良率稳步提高,实现全民健身治理体系和治理能力现代化,成为中国式现代化全民健身模范城市。"

这个战略目标具体内容包括 18 个部分:切实增强全民健身发展动力、鼓励社会力量参与全民健身事业、促进群众体育和竞技体育共治共享、优化全民健身资源布局、夯实社区全民健身基础、推动全民健身覆盖各类人群、拓展"处处可健身"城市空间、建好每处"家门口"健身设施、实现健身场地全面开放共享、构建"天天想健身"服务体系、提升赛事活动管理效能、推动全民健身融入城市生活、提供"人人会健身"专业指导、壮大复合型健身指导队伍、加快数字化转型与科技赋能、培养体魄强健的终身运动者、建立运动促进健康新模式、引领长三角全民健身一体化。

SH 市 DNFRCS-G 的"实施方案"是根据"战略设想"进行制定的,围绕 SH市全民健身公共服务体系构建的战略设想,SH 市 DNFRCS-G 的战略重点是"资源开发利用"和"创新服务供给模式"。SH 市政府先后颁布的重磅文件均提出了 SH 市"互联网+体育"和"数字体育"的改革方案,并将全民健身资源数字化共建共享空间建设工作设定为改革的突破口。

在资源开发利用方面,系列政策文件中提出战略目标主要有以下几点:第一,到 2020 年,SH 市要形成"每月有一个代表性精品体育赛事"的目标;第二,依托大型体育场馆设施打造 4～10 个大型城市体育服务综合体;第三,到 2030 年,让 SH 市市民的人均体育场地面积达到 2.8 平方米。

在创新产业发展模式方面,重点建设以下三种类型的平台:

第一,打造体育产权交易平台。拓展赛事举办权与承办权、场馆经营权、无形资产开发权的登记交易功能,通过合作等形式,在 SH 建立国家体育产权交易平台。吸引国际知名的经纪公司到体育产权交易平台开设交易席位,提升 SH市体育产权交易的专业化服务水平,形成 O2O 的平台运行模式。建立健全体育产业研发的生态系统和信息保障制度,完善体育技术成果转化的保障机制。

第二,打造体育赛事资源平台。依托体育产业公司、社会组织等机构,探索建立"公益和商业"性质的体育赛事功能性平台,提升赛事综合效益和运营能力。培育赛事申办承办和赛事研发培育两大核心功能,拓展赛事营销、资本运作、项目组织、公共服务、信息服务等延伸功能,构建赛事运营的综合保障服务链。

第三,打造公共体育信息服务平台。探索"互联网＋体育"与"智慧体育"发展平台。拓展体育运动大数据应用的范围,推动政府对体育信息资源开放,鼓励社会组织、企事业单位对公共体育信息资源进行增值业务开发。构建覆盖 SH 市的公共体育信息服务网络和"体育生活云平台"。

对于 SH 市 DNFRCS-G 的战略执行而言,首先,SH 市建成了具有国际水平的现代信息基础设施,电子商务、电子政务等信息化应用水平较高,市民的信息化普及程度较高,信息产业的发展也较快,为 SH 市的 DNFRCS-G 的战略执行奠定了良好基础。为了有效地执行实施方案中的内容,SH 市从加强统筹、建立机制、理顺管理、制定标准、加强技术攻关应用,以及加强培训宣传等方面部署了相关保障措施。但是在前期的调研中发现,SH 市市民对该市 DNFRCS-G 建设的执行效果的认可度并不高。战略执行的效果涉及多个方面,它需要政策制定者、执行监督者、体育产业运营者、信息产业运营者等多方的支持与协同。同时,还要根据市场的动态,实时地调整战略部署。

经过长时间的建设与发展,SH 市的体育文化氛围比较强。建设"全球著名体育城市"是 SH 市体育发展的长期目标。长期以来,SH 市在体育基础设施和体育赛事引进等方面的投入逐年增加,通过最近 4 次国民体质监测数据来看,SH 市市民的体质达标率和体质综合指数连续 3 次位列全国第一,城市体育发展水平高于其他大部分城市。SH 市的体育文化资源丰富,优质的体育赛事资源逐渐增多,具有适应体育文化发展的优越条件和基础。随着新一代信息技术被市民广泛应用到体育生活当中,健全信息化的公共体育文化服务体系,利用新一代信息技术推进体育文化的发展与传播,成为 SH 市建设"全球著名体育城市"的重要路径。

SH 市政府将"全民健身"和"全民健身公共服务体系建设"纳入城市的经济和社会发展规划当中,有效地提高了 SH 市的全民健身公共服务供给能力。2012 年,SH 市政府提出了"30 分钟体育生活圈"的建设规划。2016 年,SH 市政府制定了"SH 市基本公共服务体系'十三五'规划",继续加强了 SH 市的全民健身公共服务体系建设。2017 年,SH 市政府又提出了"健康 SH"的发展目标,提出了建设"15 分钟体育生活圈"的构想,将体育融入市民的日常生活、工作和学习当中,促进市民身体、心理、社会等多维的健康新型生活方式的形成。SH 市还通过打造"市民体育联赛",让大众体育赛事成为常态化,SH 市体育局统计资料显示,SH市市民参与市民运动会的人数呈逐年上升趋势。2013—2016年SH市各类公共体育活动统计情况如表4-28所示。

表4-28　2013—2016年SH市各类公共体育活动统计情况

类别		年度			
		2013	2014	2015	2016
市民运动会	设置项目/个	10	—	50	67
	比赛场次/场	—	3 810	5 245	9 778
	参加人数/万人	128.1	148	238	788.9
体质监测服务	区级体质监测中心/个	5	4	—	—
	抽测人数/人	—	11 900	42 400	150 384
	体质达标率/%	—	—	97.1	97.1(中老年) 96.1(青少年)

资料来源:《2016年SH市全民健身发展报告》(SH市体育局,2017)

　　但是,随着城市的发展以及市民生活水平的提高,大众体育的需求动机、形式和内容等方面均发生了重大变化,不仅是硬件设施,还包括相应的服务体制、机制以及服务内容。2019年,顾雪兰等对891名SH市市民进行了问卷调查,调查内容包括:日常体育锻炼服务、体育赛事服务、国民体质健康监测、体育信息服务等。调查发现,SH市市民对全民健身公共服务的整体满意度处在"一般满意"的水平。这一调查结果与本研究的问卷调查结果基本一致。因此,SH市的全民健身公共服务工作还需要继续改进。

　　在全民健身资源数字化共建共享平台建设方面,通过网站搜索的方式了解到,官方性质的全民健身资源数字化共建共享平台非常少,且资源较少。能够被搜索到的是"SH市公共体育设施数字化管理服务平台"。调查发现,SH市公共体育信息服务主要是借助关联产业所建设的其他综合性的全民健身资源数字化共建共享平台实现的。

　　SH市将"引导市民使用全民健身资源数字化共建共享平台"作为推动全民健身数字化改革的重要手段。2014年3月,SH市体育局发布了《SH市体育局信息化建设若干规定》,设计开发了"体质密码"App,提高了体育信息化服务的质量。除此之外,SH市的街道社区还利用Wi-Fi、4G、移动互联网、物联网、云计算、二维码等技术,通过社区体育服务网站、社区朋友圈、手机短信、电话开通等多种渠道为社区居民搭建体育信息网络。这在一定程度上缓解了城市的全民健身公共服务分布不均的问题。经过多年的建设和发展,SH市市民的信息化普及程度具有了较高的水平。

　　对 SH 市 97 名市民的问卷调查显示,市民对 SH 市 DNFRCS-G 的关联产业空间的建设现状的认可度为"一般"至"同意"之间。其中,生产活动的分值为 3.86±0.854,流通途径的分值为 3.97±0.783,消费活动的分值为 3.93±0.857,创新能力的分值为 3.70±0.766,从各项指标来看,SH 市 DNFRCS-G 中的经济活动趋向平稳,最低的是创新活动,但是与其他几项指标相比,差距并不大。

　　近年来,SH 市全民健身以及其关联产业发展迅速,根据统计,2017 年,SH 市拥有主营体育类的法人单位 11489 家,体育产业总规模 1266.93 亿元,创造增加值 470.26 亿元,占当年 GDP 的比重达到 1.6%,远远超过我国的平均水平(0.9%左右)。同时,SH 市居民的体育消费需求也较高,体育消费水平高于我国的平均水平,2017 年,SH 市居民人均体育消费为 2460 元,占当年人均可支配收入的 4.2%,占人均消费总支出的 6.2%。从总体上来看,SH 市体育产业的生产、销售和消费活力较强。

　　从 SH 市体育产业经济活动的信息化发展程度来看,信息共建共享已经应用到生产、销售、消费的各个方面。通过实地调查了解到,数字化管理和网络营销已经成为 SH 市各个体育产业公司开展生产和销售活动的重要手段,SH 市市民也对网络平台消费表现出积极态度。

　　体育产业公司和消费者对待网络信息平台的积极态度,在一定程度为 SH 市全民健身数字化发展奠定了基础。但是,受制于全民健身资源数字化共建共享平台建设工作的滞后等现实原因,如果想要使资源数字化的共建共享在 SH 市关联产业的经济活动中得到更加广泛的应用,那么,在未来仍然需要进行更多的改革。

　　SH 市政府将创新产业发展模式确立为全民健身资源数字化发展的战略重心之一。2015 年 7 月 1 日,SH 市政府颁布了《SH 市人民政府关于加快发展体育产业促进体育消费的实施意见》,同年,SH 市体育局制定了《SH 体育产业的"十三五"规划发展》,在文件中重点提出了相关规划与意见。例如:将 SH 市打造成为有国际竞争力的体育研发基地,重点进行体育数据分析、数字健身、运动检测、电子竞技等领域的研发创新,SH 市政府将大力扶持"集体育、科技、娱乐于一体"的智能科技体育、体育粉丝社交网络、视频训练平台、体育游戏等初创公司。相关的规划和部署,成为 SH 市全民健身资源数字化共建共享空间建设的重要依据,为 SH 市体育产业创新提供了政策支持。

　　对 SH 市 97 名市民进行的问卷调查显示,SH 市市民对于 SH 市全民健身资源数字化共建共享平台(DNFRCS-G)中各类型数字媒介空间的建设给予了

"一般"的认可评价。在 DNFRCS-G 的多个评估维度中,数字媒介空间的综合得分是最低的,这表明了市民对当前建设状态的总体满意程度有待提升。具体来看,网络资源的分值为 3.33±0.787,共建共享程度的分值为 3.11±0.852,而平台技术的分值为 3.00±0.829。这些数据反映出市民对全民健身资源数字化共建共享空间的满意度并不乐观,特别是对于平台的设计和功能性方面的评价显著较低,显示出市民期待平台在易用性、互动性和服务效率上有进一步的改进。这一调查结果为 SH 市政府和相关体育机构提供了宝贵的反馈,指出了在推动全民健身资源数字化共建共享工作中需要特别关注和改进的领域。为了提高市民的满意度和参与度,有关部门可能需要重新审视和优化平台的设计,加强网络资源的丰富性和共建共享机制的有效性,以更好地满足市民的期望和需求。

网络资源的丰富性和高质量是评判全民健身资源数字化共建共享平台综合实力的重要标准。一个拥有庞大且高质量网络资源的平台能够为用户提供便捷高效的"一站式"信息服务体验,极大地提升了用户获取相关信息的效率和满意度。然而,针对 SH 市全民健身资源的数字化共建共享平台的调查发现,专门以 SH 市全民健身资源为主题的平台数量并不充足。以 YUNSPACE 平台为例,它通过信息化手段整合了 SH 市众多大型体育场馆资源,为特定用户提供了体育场馆租赁服务。这一服务模式在一定程度上满足了企业用户的需求,推动了体育资源的共享利用。不过,YUNSPACE 平台主要聚焦于提供整体租赁服务,其服务对象主要是以企业为主的团体用户,对于个人用户而言,可能还需要更多针对性和个性化的服务选项。这表明在全民健身资源的数字化共建共享方面,还有进一步拓展和深化的空间,以满足更广泛用户群体的需求,促进全民健身资源的充分利用和高效共享。

综合性的全民健身资源数字化共建共享平台是 SH 市市民进行体育消费的主要工具。但是这些平台是面向整个国内用户建设的,虽然能够满足 SH 市市民大部分的全民健身以及体育消费需求,但是,无法体现差异化消费特征。

"动网"是一个综合性的全民健身资源数字化共建共享平台,它通过 SaaS、软硬件和物联网应用系统为用户和场馆提供预订、票务、培训、赛事、装备、营销、运营等综合服务。从网络资源层面来看,"动网"中的资源共覆盖了 SH 市的 16 个行政区,涉及 80 多个运动项目。但是,与 SH 市全民健身资源总量相比较,"动网"平台中的资源量其实并不多。从共建共享程度来看,部分"经营效果较好"或"有固定消费者"的体育产业公司进行资源共建共享的积极性不高,并没有选择将资源上传到中介性质的数字化共建共享平台中。从平台技术层面来看,"动网"的设计水平是 SH 市全民健身资源数字化共建共享平台建设的缩影。优点在于,平台中有大量免费或者低价的体育资源,平台提供详细的地图导航,其他用户的消费评价信息,快捷预订支付服务,以及周边信息公告等。不足之处在于,缺乏对资源特点的详细介绍或包装,几乎所有平台中的全民健身资源介绍都是用几张静态图片来表达,而并没有制作场馆的交互式全景视图或者全景平面图,无法给新用户或者潜在的消费者带来更加真实的信息体验。

　　总体上来看,SH市全民健身资源数字化共建共享平台种类较多,基本能够满足消费者的消费需求。但是全民健身资源数字化共建共享平台建设是一项长期任务,需要不断补充新的信息资源,也需要不断提高平台建设的技术水平。

　　另外,被调查的市民对SH市DNFRCS-G的资源配置空间的建设现状的认可度为"一般"。其中,体育设施资源分值为3.33 ± 0.813,赛事资源的分值为3.30 ± 0.806,空间规划的分值为3.37 ± 0.782,说明SH市全民健身资源建设仍需要加强。

　　SH市凭借其雄厚的经济实力和前瞻性的城市规划,已建立了众多高标准的大型体育场馆,如SH体育场、SH体育馆、HK足球场、SH国际赛车场、YS体育中心、QZ网球中心以及SH东方体育中心等,形成了一个覆盖广泛、功能齐全的体育设施网络。在体育场馆资源数字化建设方面,SH市体育局更是先行一步,率先提出智慧体育馆的战略构想。2019年,JS智慧体育公司响应此战略,正式推出了SH市智慧体育云服务平台,该平台集成了智慧票务综合管理系统、体育场馆管理系统、体育场馆资源租售管理系统以及智慧体育云平台服务系统,为体育场馆的运营和管理提供了全面的信息化解决方案。通过这些创新性措施,SH市不仅提升了体育设施资源的信息化整合水平,还极大地增强了全民健身公共服务体系的智能化和便捷性。这标志着SH市在体育设施资源数字化建设方面迈出了坚实的步伐,为市民提供了更加高效、便捷的体育服务,同时也为其他城市提供了宝贵的经验和借鉴。

　　但是,也不难发现的是,SH市体育场馆资源仍比较紧张。根据SH市体育局的统计数据,2013年,SH市人均体育场地面积为1.72平方米,到2016年年底,SH市人均体育场地面积为1.83平方米,而部分中心城区的人均体育场地面积却不足1平方米。从总体上来看,SH市的全民健身体育设施资源建设标准高,信息化改造比较快,但体育资源供应紧张,在一定程度上限制了SH市全民健身的发展。

　　SH市的体育赛事资源的总量和质量均高于我国其他大部分的城市。在职业体育赛事方面,SH市每年举办的常规赛事有世界一级方程式锦标赛、ATP1000网球大师赛、国际田联钻石联赛、世界高尔夫锦标赛、SH斯诺克大师赛等。SH市体育局统计资料显示,在2018年里,SH市举办的大型赛事为175次,其中国际体育赛事60余次。在业余体育赛事方面,2018年里,SH城市业余联赛共开展赛事活动6186个,参与市民近250万人次。整体上看,SH市的职业体育赛事和大众体育赛事资源较为丰富,为提升SH市全民健身资源数字化共建共享平台中的信息质量提供了基础。

面对人口密集带来的体育场地资源紧张问题,SH市并未停滞不前,而是积极采取行动,以"互联网+体育"战略为指导,创新性地推出了"共享公共体育场"服务模式。该模式通过政府购买服务的方式,向广大市民提供了一系列免费或低成本的体育场地资源服务,有效增加了体育资源的可及性和便利性。此外,SH市还对城市中闲置的体育资源进行了全面统计,并针对那些设施落后的公共体育场所进行了一系列改造和升级工程。通过这些努力,不仅提升了体育设施的服务质量,也拓宽了体育资源的覆盖范围。为了进一步提升体育资源分配的效率和透明度,SH市将这些改造升级后的体育资源信息进行了系统整合,并将其上传至专门的数字化共建共享平台。这一平台为市民提供了一个集中的体育资源信息服务平台,使得市民能够更方便地获取体育资源信息,从而更加积极地参与到全民健身活动中来。通过这些综合性措施,SH市在全民健身资源分配问题上取得了显著进展,为其他城市提供了宝贵的经验和启示。

二、SH市 DNFRCS-G 空间模型分析

SH市在全民健身资源数字化共建共享空间的建设上取得了一定的成效,整体评价处于"一般"至"较好"区间,特别值得一提的是,市民对SH市在政策支持方面评价较高。政府通过对全民健身资源的数字化改革进行全面而前瞻性的顶层设计,这不仅为全民健身及其关联产业的融合发展营造了有利的发展环境,而且为优化全民健身资源的数字化共建共享空间提供了坚实的支撑和推动力。在政策的引领和多方因素的共同作用下,SH市全民健身资源信息共享的各项活动呈现出稳定发展的态势。然而,即便如此,仍存在进一步提升和深化改革的空间。为了更好地满足市民的需求,提高服务效率和质量,SH市需要不断探索和创新,以推动全民健身资源数字化共建共享空间向更高水平发展,实现全民健身公共服务体系的现代化,进而将SH市打造成为全民健身模范城市,引领全民健身资源数字化共建共享的新趋势。

当前,SH市全民健身资源数字化共建共享平台在数字媒介空间的运行效率方面存在不足,这一问题通过网站搜索的方式得到了进一步的证实,从而揭示了平台建设相对滞后的客观现实。为了改善这一状况,SH市需要采取一系列

措施：首先，对现有的全民健身体育设施资源进行必要的数字化改造和升级，这将有助于提升数字化资源的总量和质量，从而更好地满足市民的需求。其次，加大对于各类全民健身资源数字化共建共享平台的资金投入和研发力度，通过技术创新来推动平台功能的完善和服务效率的提升。最后，重点关注并提升用户在使用平台过程中的体验感，确保平台的友好性、互动性和便捷性，吸引更多的市民参与到全民健身活动中来。这些措施将成为 SH 市优化全民健身资源数字化共建共享空间的工作重点，同时也是 SH 市全民健身数字化改革发展的重要组成部分。通过这些努力，SH 市有望进一步提升全民健身资源的利用效率，推动全民健身公共服务体系的现代化进程，为市民提供更加优质的体育服务。

三、SH 市全民健身资源数字化共建共享空间优化建议

综合上文的分析，尽管 SH 市的全民健身资源数字化共建共享空间的建设工作存在各种各样的不足之处，但是搭建与成熟使用全民健身资源数字化共建共享空间需要一定的时间和足够的实践积累，这是事物发展的自然规律。从现实可行性和全民健身数字化发展需求的角度来看，SH 市优化全民健身资源数字化共建共享空间的工作应该重点注意以下几个方面：

第一，建立和健全全民健身资源数字化共建共享平台的标准体系，补充和完善全民健身资源数字化共建共享平台研发与管理等方面的规章制度，继续为全民健身资源数字化共建共享平台建设工作提供政策环境支持。

第二，充分调动全民健身关联产业公司、公共体育组织等团体组织的积极性，让有一定经济实力、人才资源、研发实力的团体组织参与到优化全民健身资源数字化共建共享空间的工作中。发挥传统体育媒体的优势，加快传统体育媒体的网络化改革进度，发挥传统媒体的品牌效应，提升全民健身资源网络信息数字化的数量与质量。

第三，SH 市正致力于加速运用新一代信息技术，对全民健身体育设施资源进行全面的改造和升级。当前的工作重点是对城市公共体育设施和大型体育设施实施数字化转型，以提升其服务能力和运营效率。此外，SH 市还计划逐步推动其他物质型全民健身资源的数字化改造工作，确保各类体育设施能够与时俱进，满足市民日益增长的健身需求。改造完成后，这些体育设施资源将被整合接入城市公共体育信息系统，实现信息共享和资源优化配置。通过这些措施，SH 市旨在加快全民健身资源在城市空间中的流动速度，提高资源的可及性和便利性，从而为市民提供更加高效、便捷的体育服务。这不仅将促进全民健身活动的普及和发展，也将为 SH 市建设成为健康、活力的现代城市做出积极贡献。

第五章

数字技术在全民健身资源整合中的应用

自 20 世纪 80 年代以来,移动通信技术经历了显著发展,如今无线通信网络已深入人们生活的各个方面。随着物联网(IoT)技术和 5G 移动通信技术的进步,为加快推进全民健身资源信息共建共享进程提供了动力。5G 技术通过增强型移动宽带(eMBB)、大规模机器类型通信(mMTC)和低时延高可靠通信(uRLLC)三大应用场景,极大地扩展了其应用范围。共享单车作为 mMTC 的一个具体体现,展示了 5G 技术在现实生活中的广泛应用潜力。信息共建共享已成为优化公共服务的重要趋势,通过这一机制可以更有效地整合和利用各类资源,提高服务效率和质量。

为了优化全民健身资源的整合,本章提出利用物联网技术和无线通信平台构建全民健身资源数字化共建共享平台。该平台不仅能够实时采集和管理全民健身及相关体育产业的信息,还能通过动态自我反馈系统实现持续改进。基于物联网传感器技术和遥感技术,可以将社会体育指导员、体育设施等转化为"活动点",将运动参与者的活动过程数字化存储,为未来的模拟、分析和建模提供数据基础。这种模式有助于更科学地评估和改进全民健身活动的效果,结合理论模型和实际动态模型,制定科学合理的评价指标体系,以指导和评价各类健身活动的实际效果。

第一节　基于县域的全民健身资源物联网空间建设

随着经济的增长和生活水平的提高,体育在世界范围内的影响力越来越大,人们对体育锻炼的追求也逐渐增加。同时,近年来互联网和物联网发展迅速,已经走进千家万户,物联网在国家建设和发展中发挥了关键作用。物联网是指通过信息传感器、射频识别技术、全球定位系统、红外传感器、激光扫描仪等各种设备和技术,实时采集任何需要监控、连接、交互的物体或过程,采集声、光、热、电、力学、化学、生物、定位等,其可以通过各种可能的网络接入,实现物与人之间无处不在的连接,实现对货物和过程的智能感知、识别和管理。物联网是基于互联网和传统电信网络的信息载体,它允许所有可以独立寻址的普通物理对象形成一个互连的网络。

在县域范围内的全民健身资源数字化共建共享改革实践中,对体育场馆及公共体育设施进行智能化改造的技术研究,已经引起了学术界和产业界的广泛关注,并展现出了显著的成效。与传统的体育场馆相比,智能化体育场馆的突出特点在于其集成了无线通信、自动化等先进技术,它们不仅仅是体育活动的物理空间,更是具备自我净化、自我完善、自我革新及自我提升能力的在线"生命体"。这些智能化场馆拥有感知、处理和学习信息的综合功能,能够提供更加个性化和高效的体育服务体验。尽管目前体育设施智能建筑技术在全民健身资源物联空间布局方面的研究还处于起步阶段,但前人的理论和实验成果已经为全民健身资源的数字化改革提供了坚实的理论基础和实践经验。

物联网可以被视作互联网的一种演进,它赋予了实体世界与网络世界相连的能力。这一概念包含两个核心层面的含义:首先,物联网建立在互联网的基础之上,是互联网向物理世界的延伸,通过先进的网络技术实现更广泛的连接;其次,物联网的连接对象不再局限于传统的计算机和移动设备,而是扩展到了各种物品和商品,使得它们能够进行信息的交换与通信。物联网的定义涉及利用一系列信息传感设备,如 RFID(射频识别)技术、红外传感器、全球定位系统(GPS)和激光扫描仪等,按照既定的协议,将实体物品连接到互联网中。这些设备使得物品能够被实时追踪、监测和管理,从而开启了智能化管理和自动化控制的新篇章。通过物联网技术,我们能够实现对物品的智能识别、定位、追踪、监控和管理,极大地提高了生产效率和生活便捷性。物联网的广泛应用前景预示着它将成为推动社会进步和经济发展的重要力量。本研究在分析使用物联网技术建造智能体育场馆的背景之下,对县域范围内的全民健身资源物联空间建设模式进行探究,阐述全民健身资源物联空间的相关设计理念,对指导县域的全民健身资源数字化共建共享空间布局,以及在后续的全民健身公共服务资源配置与数字资源开发中,将地方特有的体育文化与地方全民健身公共服务体系相融合的相关信息不断向外界传播,使县域全民健身资源数字化共建共享空间摆脱传统体育生活方式以及关联产业模式,进行全民健身公共服务提质升级,使之真正成为地方体育非物质文化遗产的新载体,打造全民健身资源物联整合环境,保护和传播民俗体育文化财富。

从通信的参与者和过程来看,物联网(IoT)的基本特性在于其整体感知、可靠传输和智能处理的能力,这些共同构成了物联网信息交互的基础。物联网的感知功能是其获取信息的关键,它涵盖了对事物属性和状态的识别以及对其变化模式的敏感捕捉。具体来说,信息感知是指对物体或环境的各种状态进行监测和感知,如温度、湿度、位置等,而信息识别则涉及将这些感知到的数据转换为可理解的信息,以便进行进一步的处理和分析。这种能力使得物联网不仅能够收集和传输数据,还能够对数据进行智能分析和响应,从而实现更加智能化和自动化的管理和控制。

一、设计思路与意义探讨

尽管全民健身资源物联空间的各个子系统在外观和名称上各具特色,但在架构上,它们之间存在着共同的结构联系,允许功能上的互通与共享。依据物联网的理念,每个子系统都可以通过一个三层架构模型来描述,即检测层、传输层和应用层。在智能建筑行业中,这种结构通常被称为前端、传输和后端。例如,视频监控系统属于检测层,负责监控和感知环境状态;信号传输路径则属于传输层,负责数据的传递;而视频监控平台、存储系统、操作键盘和墙控系统则属于应用层,提供用户界面和数据处理功能。门禁系统中的读卡器、门禁卡和门磁等设备属于应用层,而门禁锁系统的反馈信号和输出按钮则属于检测层。楼宇自控系统中的温度传感器、湿度传感器等传感设备负责信号采集,属于检测层;信号通过屏蔽双绞线或网线传输,属于传输层;而总监控平台则属于应用层,负责集中管理和分析数据。公共广播系统的扬声器等传感设备同样属于检测层,音频流和控制流的传输电缆构成传输层,广播工作站、广播主机等构成应用层。停车诱导系统中的探测器属于检测层,而停车管理系统服务器属于应用层。视频监控系统通过创新性地集成视频监控与会议功能,实现了远程设备的灵活有效管理。该系统不仅支持远程监控、记录、回放、报警联动、监控策略制定和应急指挥等功能,而且其最大的创新之处在于支持从智能手机、平板电脑等移动终端查看视频图像,并能将监控图像传输到视频会议中,实现应急指挥和远程调度,极大地提升了监控系统的灵活性和响应速度。

基于数字技术的县域全民健身资源物联空间的设计必须协调众多的体育设施智能建筑子系统。最重要的是要契合县城当地的全民健身主题——一县一品。县城的体育品类具有很强的包容性,可以接受各类型的特色体育产业与文化产业,将当地风情与当地运动专项训练相结合,考虑对于体育设施智能建筑的设计。建筑设计应实现建筑工程和建筑结构的相互配合。同时,我们需要关注建设项目各个阶段的专业合作问题。无论是可行性研究报告阶段、初步设计阶段,还是施工图设计与深化设计阶段,都需要关注建设项目各个阶段的专业合作问题,设计作品应最大限度地实现各类全民健身资源数字化整合。

全民健身资源物联空间的设计离不开数字化的体育设施资源产品。每个系统都有各种各样的健身产品品牌,如何选择这些资源来实现空间各系统的功能,也是设计艺术的体现。随着我国科技的不断进步,全民健身资源数字化领域的产品如雨后春笋般大量涌现。样式增加和更新的速度远远落后于规范的修订速度。这就要求设计人员深入产品市场,了解各类资源产品在当前市场上的功能。我们经常可以看到,很多设计图纸技术落后,跟不上产品技术的进步,甚至使用市场上已经停产或淘汰的产品。缺乏有效的产品支持,即便是最精巧的智能设计也可能大打折扣。在实践中,一些设计方案为了迎合甲方的特定需求或在竞标中脱颖而出,往往过于追求外观上的华丽和功能的繁复,却忽视了实用性和可行性。这种做法不仅可能导致设计方案与实际应用场景的脱节,甚至有时还会导致设计方案根本无法实施。在全民健身资源物联空间的设计中,我们面临着既要充分利用现有体育设施资源,同时又不能仅仅局限于现状的双重挑战。设计不能过于超前而脱离现实,也不能落后于时代发展的步伐。更重要的是,设计理念应当具有适度的前瞻性,以确保设计方案既能满足当前的需求,也能预见并适应未来的发展。智能设计的目标不仅是满足现有的需求,而且要具备一定的灵活性和扩展性,以适应未来可能出现的新需求和新趋势。通过精心的产品选择和合理的设计方案,我们可以打造出既能立即投入使用,又能持续升级和扩展的智能体育设施,为全民健身提供持久的动力和支持。

在全媒体时代,媒体整合是物理层面的变化;而在媒体整合阶段,则是化学反应;在智能媒体时代,运动参与者对于全民健身资源的获取方式正悄然发生变化。我国的民俗体育文化多产于县域村镇,因此县域村镇构成了特有的民俗传统体育文化环境。某一地区的村落在空间布局和传统习俗等方面具有很强的相似性,这样的基本单位,可以称为民俗体育小镇。但与其他一些发达地区相比,民俗体育小镇的经济发展普遍落后,在全民健身资源供给、体育消费以及关联产业的生产方面都不能较好满足当地运动参与者的需求。因此,加快全民健身资源数字化共建共享空间的建设可以很好地带动当地经济发展,使居民更好地改善体育生活,同时还可以推广当地体育文化。全民健身资源数字化共建共享空间拥有丰富的体育物质和非物质文化遗产,具有很高的历史、文化、美学、社会、经济等价值,将县城特有的体育文化传播到外界,可以进一步促进县城的体育、文化与信息经济产出。县域全民健身资源物联空间的规划特点包括可以成为城镇化的主体,解决更多人口的城市化问题,更有利于全民健身资源城乡均衡统筹规划,有利于优化体育产业结构和区域平衡,有利于生态文明和节能减排,提供比城市更多样化的特色数字型体育生活,继而提升县城全民健身关联产业的核心竞争力和活力。

在全民健身资源的数字化转型中,体育设施建筑的综合布线系统构成了物联网传输层的基础架构。与传统的、单一功能的信号传输网络不同,这种传输层架构为体育设施建筑带来了革命性的变化。一旦建筑物内部署了这样的传输层,它就像是一个全国性的高速公路网络,任何接入点都可轻松地将信息流引导至目的地。这种网络设计的优势在于其共享性与连接性,避免了为每个接入点单独建设通道的成本与复杂性。借助体育设施建筑的智能传输层架构,智能设备的集成变得前所未有的简单。这种架构支持可插拔、模块化、按需接入的功能,极大地提高了灵活性和扩展性。以视频监控系统为例,传统上增加监控探头不仅需要安装摄像机,还需在监控中心与摄像机之间铺设专用的同轴电缆。这一过程在多层的高层建筑中尤为烦琐且工作量巨大。然而,如果体育设施建筑配备了智能传输层架构,那么添加新的监控探头将变得非常简单:只需将摄像机连接到最近的传输层接口,视频流和控制信号就能被高效地传输至监控中心。这种智能传输层架构不仅简化了体育设施的管理和维护,还为未来技术升级和功能扩展提供了可能,是实现全民健身资源物联空间智能化的关键一步。同时,县域全民健身资源数字化共建共享空间的规划设计要根据区域发展的实际情况和自身的核心竞争力进行,而其中农业、工业、体育产业、文化产业和旅游业是基本支撑产业。对于一些紧邻大中城市、交通便捷、区域旅游要素多、民俗文化底蕴深厚、主题特色鲜明、地貌独特的郊区,在规划、设计、后期建设运营中,要大力结合乡村旅游发展,通过乡村旅游带动特色农产品销售,解决农村就业问题,提供返乡创业空间,增加农民收入。

二、基于数字技术的设计要素

本研究采用问卷调查法,对 356 名受访者的意愿进行收集,对采集到的数据进行分析,通过分析对比得到相应的调查结果,并分析目标函数,计算出符合要求的最优配置。通过对 356 名受访者的调查,对收集到的数据进行统计分析。这种数据收集是从不同的人群中随机收集的,可以大大避免外界因素的影响。

通过调查发现,喜欢球类运动的人占比最大,有 156 人,占比 43.82%。由此可见,大约有一半的人喜欢球类运动,这证明球类运动设施的数字化改造应该在县域全民健身资源物联空间中广泛进行。球类运动设施资源是数字化改造的主体,其他运动项目相辅助。同时,为了体现兼容性,其他类型的运动也应该包括在内,但比例不宜过大,否则会适得其反。研究发现,喜欢跑步类运动的人数排名第二,有 73 人,占比 20.51％。在我国,有越来越多的人喜欢通过跑步的方式来保持健康,跑步对性别以及年龄的要求相对较低,对技术水平要求也不高,所以更加受到运动参与者的关注。

为了验证县城运动人群在球类运动中球的种类偏好,我们再次对选择球类运动中的 156 名受访者进行了统计,收集和分析了几种传统球类运动的数据,以分析最受欢迎的球类。调查发现,最受欢迎的球类运动是篮球和足球,有 96 人选择了篮球和足球,占比超过 60％,这可能是因为它们也是世界上最受认可和最受欢迎的球类运动。同时,也有可能是因为明星效应所产生的影响。因此,在对县域全民健身资源物联空间进行建设的过程中,应该重点关注篮球和足球这两种最流行的球类运动的发展。

为了解受访者对建设的满意度,对 356 名受访者进行调查,只有 48 人表示对小区周边的全民健身资源物联空间建设现状不满意,占比 13.48％,有 123 人表示非常满意,占比 34.55％,有 96 人表示比较满意,占比 26.97％。大多数人对全民健身资源共建共享平台中的物联功能持满意态度,更说明全民健身数字化发展在人们心中仍然占有比较重要的地位。运动参与者对全民健身数字化发展的重视,对我国全民健身的发展具有重要意义。部分受访者认为,全民健身资源数字化共建共享空间的资源类型应从民间传统体育文化、民族体育特色、民俗体育文化、少数民族体育、民间体育活动交流、体育赛事活动传播等方面进行重点优化。

目前,全民健身资源数字化共建共享空间的优化工作在我国尚未实现全面普及,尤其是在县域地区,运动参与者对体育设施资源数字化改造的认知仍较为有限。在对 356 名受访者进行调查的过程中发现,有 171 人表示对"智能化的体育设施"了解不多,占比达 48.03％。这表明,体育设施智能化建设尚未广泛进入公众视野,大众对其仍缺乏深入了解。而在所有受访者中,仅有 15 人表示完全了解体育设施的智能化改造的价值。体育设施智能化的推广与建设,不仅有助于推动全民健身资源的数字化共建共享理念的传播,也将为人们的日常生活带来更多的便捷性与趣味性,进一步提升全民参与体育活动的积极性和体验感。

本研究对全民健身资源数字化共建共享空间的优化问题进行分析,介绍县域尺度的全民健身资源物联空间的智能化设计观点和设计意义,并收集分析了 356 名受访者的调查数据,包括各类运动专项训练的偏好。研究发现运动参与者更希望对球类运动场馆进行数字化改造,结合智能建筑设计,将现代智能体育物联技术融合在一起,通过物联网技术将它们串联起来。由于物联网具有诸多优势且易于操作,因此在对全民健身资源数字化共建共享空间进行优化的过程中,应将体育设施的物联网建设放在首位。除了在信息传递方面有一定的提升外,物联网在实现民俗体育小镇智能化方面还有很大的空间,在电力传输、消纳、电源管理等方面,改变了过去的被动形式。

第二节　全民健身资源数字化共建共享平台的设计方案

2016年国家体育总局发布施行的《体育发展"十三五"规划》明确提出:推动体育企业与移动互联网的融合,积极利用大数据、云计算、智能硬件和各类主题App拓展客户,提升体育营销的针对性和有效性。2021年3月11日,十三届全国人大四次会议表决通过的《中华人民共和国国民经济和社会发展第十四个五年规划和2035年远景目标纲要》中将"加快数字化发展,建设数字中国"单列成篇,提出"以数字化转型整体驱动生产方式、生活方式和治理方式变革"。"十四五"期间,浙江省提出了将数字化改革作为"推进社会主义共同富裕先行和省域现代化先行的根本动力"。国家与地方政策为新时期学校体育管理工作的数字化转型指明了方向。

近十年来,全国各地均在积极推进智慧城市建设、智慧体育建设、智慧健康等改革工程项目,并取得了良好的建设效果,有效提升了社会经济治理能力与效率,其改革成果经验为进一步推进全民健身数字化改革提供了动力与工作思路。

本研究基于各地区建设以及优化全民健身资源数字化共建共享平台需求,从发展智慧体育战略的需要出发,项目成果能够为全民健身数字化改革和创新提供强有力的支撑,促进全民健身公共服务体系构建工作从技术驱动向以人为本转变,从碎片化建设向系统整体推进转变,从脉冲式应用向常态化应用转变。

本研究致力于构建一个高效的系统,该系统能够整合地区现有的软件资源,并有效地利用数字化大数据技术,以增强全民健身公共服务信息化管理系统的能力。通过实现无感知数据采集、智能化数据分析和信息化数据应用的"三维互动"模式,本研究将促成一个全面的全民健身立体化管理系统。该系统将全面覆盖全民健身公共服务的各个领域,以运动参与者的需求为中心,实施统一规划和统筹管理。这将科学有效地提升地区全民健身公共服务的综合管理水平和运行效率。此外,该系统还将为地区全民健身特色名片群的建设和特色全民健身公共服务系统的促进等体育工作提供强有力的决策支持,从而推动地区体育事业的发展和创新。

目前在国内已有极少数发达地区进行了相关实验性尝试,但暂无相关系统性的改革实践。本研究拟建设的"全民健身资源数字化共建共享平台"是"互联网＋"与"人工智能＋"时代发展的必然选择,智慧健身与智慧健康的重要组成部分,推动信息科技成果转化与应用的示范,初步建设和推广该平台符合国家人工智能发展战略、国民体质健康监测评价办法、国家数字化改革战略等的需要。

本研究面向全民健身公共服务体系更高水平构建的变革,在智慧城市建设的基础上推进资源智慧化共建共享,探索利用新一代信息通信技术服务于全民健身公共服务管理转型的新模式,重构全民健身资源供给流程,并运用人工智能进行监测、运动人群分析和运动效果以及水平诊断,建立基于大数据的多维度综合性智能评价系统,精准评估资源供给、资源布局以及资源使用之间的绩效。为地方提供全民健身资源数字化建设的规划设计、采购部署、运行维护、升级迁移、信息安全等信息化建设"一站式"整体解决方案,形成"软件＋硬件"的全民健身资源数字化公共服务,实现城市全民健身战略的精细化管理与个性化服务,全面提升全民健身公共服务治理水平。

一、设计方案概述

基于人工智能运动视觉算法和视频物联网摄像头,建设全民健身数字运动场、智能体育馆,对运动参与者的体育运动的成绩、状态、体能等运动指标进行实时采集分析、评测与指导,实现了运动参与者的运动场景、国民体质健康监测测试场景、全民健身赛事活动场景的无感化、智能化,降低了全民健身各项业务管理的负荷,增强了使用全民健身资源的趣味性及运动效果;用科技助力全民健身资源供给模式转型,满足"精准化"资源供给趋势要求。

全民健身资源数字化共建共享平台从公共服务现行模式出发,结合各地全民健身资源供给工作实际需求,努力帮助全民健身资源供给实现以下三个目标。

其一,落实用数字技术手段推广普及全民健身政策。智慧运动场或体育短视频等颠覆了全民健身资源供给模式,基于红外、压力等传感器技术以及穿戴设备的传统产品形态,使用平常训练的普通设备和摄像头远距离观测,在无器械干扰场景中无感化运动、训练和测试,充分释放运动潜力。无感、智能采集识别每一名运动参与者的运动数据,准确地统计每次运动的项目和运动时间,用技术手段充分落实推广普及全民健身政策要求。

其二,落实全民健身资源精准供给。利用全民健身资源数字化共建共享平台系统中的智能体育评测引擎,实时分析在智慧运动场进行锻炼的各项数据,对每项体育动作的运动过程数据指标、运动成绩进行收集,输出运动过程中的运动视频及相应的运动指标参数,并给出运动问题和改进建议指导,还可为运动参与者提供个性化的运动监测、训练与干预指导。运动参与者根据系统交互自主纠正,开展针对性训练,可以更好地提高体质健康水平及运动技能。根据运动参与者以往的运动数据,系统会精准推荐专业的建议锻炼视频内容到运动参与者客户端,使运动参与者有针对性地学习专业性指导。

其三,提升全民健身公共服务的实效性。全民健身公共服务供给过程中,全民健身资源数字化共建共享平台可以协助社会体育指导员定制训练计划,并可以对运动参与者进行一对一的教学指导,减轻社会体育指导员的负担。社会体育指导员通过数字指导助手端口提供的运动参与者的体质健康数据以及运动数据,能够及时发现每一名运动参与者在阶段运动过程中的运动效果,根据运动参与者的数据反馈可以有针对性地调整指导计划。运动参与者自助通过参与智慧化的体质监测测试系统,在趣味化、智慧化的方法下锻炼了体质,即时通过语音和屏幕反馈测试成绩,掌握了运动技能,又感受、体验、运用了人工智能。

全民健身资源数字化共建共享平台搭建需要注意以下几个原则。

其一,智能化原则。立足先进的运动视频数据采集与智能分析手段,所使用的智能化运动视频采集装备与运动评测系统具有同领域领先的技术水平。

其二,真实性原则。智能装备的测试精度符合技术参数要求,确保运动测试视频与测试数据实时传输到平台的后台,确保运动参与者运动过程数据的真实性。

其三,高效性原则。降低平台对运动参与者日常锻炼的影响,智慧运动场的所有装置与设备的安装调试尽可能简单快捷,测试流程要求高效,尽可能地减少占用运动参与者的数据抓取时间。

其四,可追溯性原则。平台搭建与数据抓取方案必须支持对运动参与者运动过程的视频记录保存,以便在可能需要追溯运动过程时,及时找到运动参与者相关运动视频文件。

其五,稳定性原则。系统软件硬件需要经过严格测试,数据库稳定,功能顺畅,能在不同的环境中长期平稳运行。

其六,共享性原则。通过共享运动器材、共享智能手环等方式,为运动参与者参与体育锻炼提供硬件支撑,实现对运动参与者参与体育的过程进行动态管理与服务。

通过搭建全民健身资源数字化共建共享平台,提升全民健身资源管理时效性以及公共服务的精准性。通过搭建统一性平台对运动参与者学习运动技能、参与运动、参与赛事的过程进行管理与监测,有针对性地对影响运动参与者体质健康水平提高的全民健身参与过程进行预警与干预,实现对全民健身促全民健康的闭环。

本系统所采集和生成的数据能够无缝对接各地智慧城市的现有系统，为城市公共服务系统和数据中心系统提供实时的体育锻炼数据、体育赛事活动数据、国民体质健康达标数据以及公共体育资源数据等。这些数据不仅丰富了智慧城市的数据资源，也为运动参与者在全民健身活动中的表现提供了详尽的数据支持。通过与智慧城市系统的同步，本系统的数据可以用于多维度的分析和应用，包括纵向分析（追踪个体的运动历程）、横向关联（分析运动项目、运动成绩、运动频次、运动强度以及国民体质健康测试等数据的相关性与统计信息），以及交叉比较（比较不同运动参与者、不同运动项目、不同运动区域之间的数据差异）。此外，系统的数据还有助于营造积极向上的全民健身体育文化氛围，为智慧城市的发展和全民健身战略的深入实施贡献力量。通过这些数据的深度挖掘和应用，可以更科学地制定公共体育政策，优化体育资源配置，提升全民健身公共服务的质量和效率。

二、主要建设内容

全民健身资源数字化共建共享平台运行环境所需的软件以开源软件为主。其系统功能主要涵盖了基础模块、社会体育指导模块、国民体质健康监测模块、运动健身模块、全民健身比赛与活动模块、全民健身协会组织模块、公共体育场馆设施管理模块、运动干预与健康促进模块等内容。其层级管理包括组织架构支持多级管理，能分别设定多级管理员，由指定的管理员管理相应组织的工作。运行环境为：全民健身资源数字化共建共享平台可以同时运行在 Windows、Linux、Free BSD、OS 等系统，支持 Microsoft Edge、Chrome、Firefox、Safari 等主流浏览器以及基于这些浏览器内核，如 360 浏览器、QQ 浏览器、猎豹浏览器、傲游浏览器等，支持 PC 桌面、平板、智能手机移动访问。技术特点采用开源的开发语言 Java、Python、JS。系统必须做好与城市公共服务系统的单点登录和统一身份认证及数据中台的对接。系统管理包括支持数据备份和数据恢复，支持系统消息管理，支持在线用户统计，支持限制同一用户在不同计算机上同时登录。安全性能包括：系统程序完善，确保无人为恶意后门，系统部署安全，网络传输加密，关键数据保护，恶意攻击防护。集成部署包括：支持单机部署、多机分节点部署，提供适用于高并发场景下的系统建设可行方案，提供相应外围的技术指导及建议。

基于上述要求，本研究拟构建全民健身资源数字化共建共享平台系统软件，部分技术功能可分为以下几类模块。

其一,基础模块。涉及基本设置(配置系统的参数和规则)、权限设置(管理系统功能模块开放;配置系统角色;按系统角色分配系统功能模块使用权限;管理后台用户)、工作日志设置(允许管理员查询系统日志,包括登录日志、访问日志、数据操作日志、系统运行日志等)、数据同步设置(系统的部分数据来源于城市公共服务系统的数据)、数据维护(管理员根据需要对从各系统同步的数据进行修改和维护)、数据备份(设置数据备份策略,对系统数据进行备份,保证数据不丢失)、数据恢复(根据需要将备份的数据恢复为指定的数据库)、数据库优化管理(根据需要对数据库进行优化,保证系统在数据库服务器及 Web 服务器中能够正常使用)、其他基础功能(后台系统通知公告、日程管理、文件空间、系统反馈等)等 9 项功能。

其二,社会体育指导模块。涉及社会体育指导管理(社会体育指导员设计的指导计划、指导方案、指导记录、指导视频、学员管理等)等。

其三,国民体质健康监测模块。涉及基础数据管理(对测试工作人员、测试项目、评价等级、体测标准、合格标准进行维护和管理)、组织工作(设置测试地点、测试的期次,可根据预约测试人员排期)、测试预约管理(添加测试预约计划,运动参与者可根据计划进行预约)、测试成绩管理(根据添加参测人员生成对应年度成绩)、体质健康证书管理(根据对应测试成绩自动生成"居民体质健康证书")、测试成绩上报管理(按上级部门国民体质健康测试数据上报要求,按时提交测试成绩)、国民体质健康测试统计分析(提供多种形式的运动参与者体质健康测试成绩统计和分析报表,供相关部门以及运动参与者对其体质健康水平进行判断)。

其四,运动健身模块。涉及共享型的智能运动设备(共享型运动手环、共享篮球、共享足球、饮料售卖机等)、智能运动数据监测探头(收集实时运动数据)、急救知识(运动参与者在运动过程中如遇到意外可以快速应对并采取正确的急救方法)、锻炼量管理(能通过智能监测探头对运动参与者的锻炼数据进行统计)。

其五,全民健身比赛与活动模块。涉及全民健身民间团体信息管理(对全民健身民间体育社团、社员的信息进行管理,包括基本信息以及职位的管理。支持对参加报名社团的人员进行批量审核。可添加不同社团的公告、新闻,支持Web 端、App 端的发布。对社团活动进行管理,管理运动参与者各社团的活动内容、地点与要求等。支持自动汇总各个社团某一年份内举行的所有大型活动)、竞赛项目管理(支持竞赛项目和单项内容的管理,能够区分每个项目按名次、等级进行计分)、裁判库管理(支持通过培训计划结业后自动进入裁判库)、竞赛规程管理(支持设置竞赛地点、主办单位、承办单位、协办单位等,并将竞赛总规程和其他项目的竞赛规程的内容同步到城市公共服务官网)、竞赛活动管理(支持竞赛规程管理,支持设置工作计划、负责人、参赛人员、竞赛项目等,能够区分竞赛面向对象组别与赛程,能够按对应名次判断是否生成完赛证书)、报名管理(支持运动参与者进行报名,支持对报名信息进行审核与分组)、竞赛反馈(支持对赛事过程中遇到的问题进行反馈,支持对反馈的内容进行审核)。

其六,全民健身协会组织模块。涉及全民健身各协会组织的计划管理(支持不同年份赛事活动的具体信息的管理)、组织管理(项目与成员的信息管理)、协会公告(不同协会的信息管理)、成绩管理(对全民健身赛事活动中各协会代表队的成绩的管理)、社会体育指导员评价(根据社会体育指导员指导情况,以及受指导的运动参与者评价,自动根据评分标准计算得分)。

其七,公共体育场馆设施管理模块。包括预约参数设置(设置开始时间、结束时间以及时长,在添加开放预约信息时,可根据设置的预约参数自动生成对应时间段的开放预约信息)、场馆基础信息(维护场馆信息、场地信息、场块信息、项目类型、体育器械等)、场馆预约开放(选择对应场馆、场地、场块、时间等信息,生成可预约场馆信息)、收费管理(根据资源管理方要求,对预约收费场馆进行线上收费)、场馆使用率统计(各场馆的收益统计、参与锻炼活动的人数统计)。

其八,运动干预与健康促进模块。涉及科学锻炼管理(准备活动管理、锻炼手段管理等,支持根据运动需求与个人的体质健康成绩、等级与综合评分,自动生成锻炼目标,支持自动获取锻炼时的地理位置和天气情况,根据天气情况和身体情况自动给出运动建议,能够根据规则自动生成需要锻炼的内容和强度,能记录锻炼时的心率数据,支持锻炼后自我锻炼效果评价)、体质健康档案管理(通过运动参与者在运动期间的各种体质数据建立运动参与者体质健康档案模型,实现对运动参与者体质健康档案的管理,相关数据可以包含体质评价、生物节律、脉搏、能量消耗、身体成分、锻炼风险、注意事项、锻炼目标、心功能评价、锻炼后的效果评价等)。

附录 1　关于全民健身公共服务对提升生活质量的访谈提纲

一、关于全民健身公共服务体验的问题

1. 体育协会组织提供的服务

① 有没有体验过体育协会组织提供的服务？（如果有，请继续回答。如果没有，请解释原因）

② 关于体育协会组织提供的服务，有什么经历或者经验可以分享？（请举例说明所经历的过程）

③ 根据上述经历或经验，对体育协会组织提供的服务有何看法？

2. 全民健身运动专项训练服务

① 有没有体验过全民健身运动专项训练服务？（如果有，请继续回答。如果没有，请解释原因）

② 在全民健身运动专项训练服务方面有什么经历或经验可以分享？（请举例说明所经历的过程）

③ 根据上述经历或经验，对全民健身运动专项训练服务有何看法？

3. 全民健身公共体育设施供给

① 有没有体验过全民健身公共体育设施？（如果有，请继续回答。如果没有，请解释原因）

② 在全民健身公共体育设施方面有什么经历或经验可以分享？（请举例说明所经历的过程）

③ 根据上述经历或经验，对全民健身公共体育设施有何看法？

4. 社会体育指导员提供的服务

① 有没有体验过社会体育指导员提供的服务？（如果有，请继续回答。如果没有，请解释原因）

② 关于社会体育指导员提供的服务，有什么经历或经验可以分享？（请举例说明所经历的过程）

③ 根据上述经历或经验,对社会体育指导员提供的服务有何看法?

5. **公共体育信息服务**

① 有没有体验过公共体育信息服务?(如果有,请继续回答。如果没有,请解释原因)

② 关于公共体育信息服务方面有什么经历或经验可以分享?(请举例说明所经历的过程)

③ 根据上述经历或经验,对公共体育信息服务有何看法?

6. **体育公共政策咨询服务**

① 有没有体验过体育公共政策咨询服务?(如果有,请继续回答。如果没有,请解释原因)

② 关于体育公共政策咨询服务方面有什么经历或经验可以分享?(请举例说明所经历的过程)

③ 根据上述经历或经验,对体育公共政策咨询服务有何看法?

7. **国民体质健康监测服务**

① 有没有体验过国民体质健康监测服务?(如果有,请继续回答。如果没有,请解释原因)

② 关于国民体质健康监测服务方面有哪些经历或经验可以分享?(请举例说明所经历的过程)

③ 根据上述经历或经验,对国民体质健康监测服务有何看法?

二、关于全民健身公共服务对居民运动参与的影响的问题

1. **体育协会组织提供的服务**

① 体育协会组织提供的服务是否影响居民参与体育运动?(如果是,请继续回答。如果否,请解释原因)

② 在体育协会组织提供的服务中,有哪些服务影响居民参与体育运动?(请举例说明)

③ 体育协会组织服务需要改进哪些方面?

2. **全民健身运动专项训练服务**

① 全民健身运动专项训练服务是否影响居民参与体育运动?(如果是,请继续回答。如果否,请解释原因)

② 在全民健身运动专项训练服务中,有哪些服务影响居民参与体育运动?(请举例说明)

③ 全民健身运动专项训练服务需要改进哪些方面?

3. 全民健身公共体育设施供给

① 全民健身公共体育设施是否影响居民参与体育运动？（如果是，请继续回答。如果否，请解释原因）

② 全民健身公共体育设施中，有哪些设施影响居民参与体育运动？（请举例说明）

③ 全民健身公共体育设施需要改进哪些方面？

4. 社会体育指导员提供的服务

① 社会体育指导员提供的服务是否影响居民参与体育运动？（如果是，请继续回答。如果否，请解释原因）

② 社会体育指导员提供的服务中，有哪些服务影响居民参与体育运动？（请举例说明）

③ 社会体育指导员提供的服务需要改进哪些方面？

5. 公共体育信息服务

① 公共体育信息服务是否影响居民参与体育运动？（如果是，请继续回答。如果否，请解释原因）

② 公共体育信息服务中，有哪些服务影响居民参与体育运动？（请举例说明）

③ 公共体育信息服务需要改进哪些方面？

6. 体育公共政策咨询服务

① 体育公共政策咨询服务是否影响居民参与体育运动？（如果是，请继续回答。如果否，请解释原因）

② 体育公共政策咨询服务中，有哪些服务影响居民参与体育运动？（请举例说明）

③ 体育公共政策咨询服务需要改进哪些方面？

7. 国民体质健康监测服务

① 国民体质健康监测服务是否影响居民参与体育运动？（如果是，请继续回答。如果否，请解释原因）

② 国民体质健康监测服务中，有哪些服务影响居民参与体育运动？（请举例说明）

③ 国民体质健康监测服务需要改进哪些方面？

三、关于生活质量满意度的问题

1. 健康满意度

① 对自己的健康状况满意吗？

② 健康会影响生活质量吗？（如果是，请继续回答。如果不是，请解释原因）

③ 健康如何影响生活质量？

2. 休闲满意度

① 对自己的休闲生活感到满意吗？

② 休闲生活会对生活质量产生影响吗？（如果是，请继续回答。如果不是，请解释原因）

③ 休闲生活如何影响生活质量？

3. 工作状态满意度

① 对自己的工作状态满意吗？

② 工作状态会对生活质量产生影响吗？（如果是，请继续回答。如果不是，请解释原因）

③ 工作状态如何影响生活质量？

4. 社会支持满意度

① 对自己的社会支持感到满意吗？

② 社会支持会对生活质量产生影响吗？（如果是，请继续回答。如果不是，请解释原因）

③ 社会支持如何影响生活质量？

5. 家庭和睦满意度

① 对自己的家庭感到满意吗？

② 家庭会对生活质量产生影响吗？（如果是，请继续回答。如果不是，请解释原因）

③ 家庭如何影响生活质量？

四、关于全民健身公共服务对生活质量产生的影响的问题

1. 全民健身公共服务对提升幸福感的作用

① 全民健身公共服务是否有助于提升幸福感？（如果是，请继续回答。如果否，请解释原因）

② 全民健身公共服务的哪些服务有助于提升幸福感？（请举例说明）

③ 为了促进居民幸福感提升,政府、企业和社会体育协会组织应如何改进全民健身公共服务?

2. 全民健身公共服务对改善健康的作用

① 全民健身公共服务是否有助于改善健康?(如果是,请继续回答。如果否,请解释原因)

② 全民健身公共服务的哪些服务有助于改善健康?(请举例说明)

③ 为了改善居民的健康水平,政府、企业和社会体育协会组织应该如何改进全民健身公共服务?

3. 全民健身公共服务对优化体育环境的作用

① 全民健身公共服务是否有助于营造体育环境?(如果是,请继续回答。如果否,请解释原因)

② 全民健身公共服务的哪些服务有助于营造体育环境?(请举例说明)

③ 为了帮助营造最佳的体育环境,政府、企业和社会体育协会组织应如何改进全民健身公共服务?

4. 全民健身公共服务对丰富休闲生活的作用

① 全民健身公共服务是否有助于丰富休闲生活?(如果是,请继续回答。如果否,请解释原因)

② 全民健身公共服务的哪些服务有助于丰富休闲生活?(请举例说明)

③ 为了进一步丰富居民休闲生活,政府、企业和社会体育协会组织应如何改善全民健身公共服务?

5. 全民健身公共服务对积累社会支持的作用

① 全民健身公共服务是否有助于积累社会支持?(如果是,请继续回答。如果否,请解释原因)

② 全民健身公共服务的哪些服务有助于积累社会支持?(请举例说明)

③ 为了帮助居民提升与积累社会支持,政府、企业和社会体育协会组织应如何改进全民健身公共服务?

附录2 关于使用全民健身数字化服务平台的满意度调查问卷

尊敬的体育爱好者：

您好！

非常感谢您接受这项调查。本研究以调查您在使用全民健身数字化服务平台的行为特征为主要内容。本项调查除学术用途外，问卷的内容不用于任何其他目的。您提供的所有内容和个人信息均受到保护。因此，希望您能够真实地回答下面的提问。您提供给我们的所有信息都将被用作有价值的研究资料。再次感谢您抽出宝贵时间！

○在回答问卷之前，请务必阅读关于"全民健身数字化服务平台"的说明。

1. 在本项调查中，"全民健身资源"特指：体育场地，器材，社会体育指导员服务以及健身教练等资源。

2. 在本项调查中，"全民健身资源"的基本信息包括：体育场地的所在位置，场地的环境条件，场地的服务种类，可以预订的空余场地，健身教练信息，预订价格，赛事活动等。

3. 在本项调查中，对"全民健身数字化服务平台"的定义为：

＊网站或者移动应用软件。

＊您可以通过它在线查找与浏览"全民健身资源"的基本信息。

＊您可以通过"全民健身数字化服务平台"的提示（电话预订，在线支付预订），预订您需要的全民健身服务。

○全民健身数字化服务平台示例

公共服务预订平台（体育设施类）：通过进入官方网站所建设的公共服务预订网页，查找您感兴趣的体育场地或设施信息，您可以按照网站提示预订休闲体育场地或设施。

其他组织机构创建的体育场地预订平台：通过进入网站、移动应用软件，查找您感兴趣的体育场馆信息，您可以按网站提示预订体育场地。部分网站可能会提供在线健身教练咨询、健身知识推送服务。

附近体育场地查询平台(地图导航类):导航地图的网站或移动应用软件可以提供"附近体育场地"位置查询及导航服务,在搜索到的场地信息中会包含一部分场地预订提示,比如联系电话、网站、场地效果图等等。

○提示:本套问卷共分为三个部分,请在您选中的答案数字上面画"○"。

一、筛选题

1. 您最近一次浏览或登录"全民健身数字化服务平台"发生在:

① 三个月以前(结束调查)

② 近三个月内

③ 记不清了(结束调查)

2. 请选择您使用过的"全民健身数字化服务平台"的类型(可多项选择):

① 公共服务预订网站、移动应用软件

② 其他组织机构创建的体育场地预订网站、移动应用软件

③ 附近体育场地查询网站、移动应用软件(导航地图类)

④ 其他_____

⑤ 记不清了(结束调查)

3. 您目前对全民健身数字化服务平台的功能了解多少:

① 我不知道(结束调查)

② 我听说过(结束调查)

③ 我比较清楚

④ 我非常了解

二、主体部分

○提示:

＊"全民健身数字化服务平台"将在下面的问卷中缩写为"服务平台"。

＊通过"预订平台"预订到的服务包括:体育场地与设施、价格折扣、健身指导、观赛与参赛体验等。

序号	问题	非常不同意	不同意	一般	同意	非常同意
1	我觉得"服务平台"提供的预订服务很实用,能够对我的学习、生活、工作起到作用。	①	②	③	④	⑤

（续　表）

序号	问题	非常不同意	不同意	一般	同意	非常同意
2	我觉得"服务平台"提供的预订服务能够满足我的实际需求。	①	②	③	④	⑤
3	我觉得"服务平台"提供的预订服务能够提高我的学习、生活、工作的质量。	①	②	③	④	⑤
4	总的来说,我觉得"服务平台"提供的预订服务对我很有用。	①	②	③	④	⑤
5	我觉得学会使用"服务平台"很容易。	①	②	③	④	⑤
6	我觉得"服务平台"中我能用到的功能很容易操作。	①	②	③	④	⑤
7	我对如何使用"服务平台"清晰明了。	①	②	③	④	⑤
8	我能灵活使用"服务平台"。	①	②	③	④	⑤
9	我觉得我很容易就能学会使用"服务平台"。	①	②	③	④	⑤
10	总的来说,我觉得"服务平台"很容易使用。	①	②	③	④	⑤
11	我觉得"服务平台"提供的预订服务在功能、设计等各方面都非常专业。	①	②	③	④	⑤
12	我觉得"服务平台"是个有实力的平台。	①	②	③	④	⑤
13	我觉得"服务平台"提供的预订服务很真实。	①	②	③	④	⑤
14	我觉得"服务平台"所属的单位是一家有信誉的企业或机构。	①	②	③	④	⑤
15	我觉得"服务平台"的管理者是一家有责任心的企业或机构。	①	②	③	④	⑤
16	我赞成使用"服务平台"。	①	②	③	④	⑤
17	使用"服务平台"是个好决策。	①	②	③	④	⑤
18	使用"服务平台"是明智的方法。	①	②	③	④	⑤
19	"服务平台"是值得使用的。	①	②	③	④	⑤
20	我觉得"服务平台"提供的预订服务与我内心所期望的很相似。	①	②	③	④	⑤
21	我觉得"服务平台"提供的预订服务符合我的标准。	①	②	③	④	⑤

序号	问题	非常不同意	不同意	一般	同意	非常同意
22	我觉得"服务平台"提供的预订服务符合我的内心偏好。	①	②	③	④	⑤
23	我觉得"服务平台"提供的预订服务是我想要的。	①	②	③	④	⑤
24	我愿意使用"服务平台"预订全民健身服务。	①	②	③	④	⑤
25	我打算使用"服务平台"预订全民健身服务。	①	②	③	④	⑤
26	我将会使用"服务平台"预订全民健身服务。	①	②	③	④	⑤

三、基本信息

1. 您的性别是：

① 男

② 女

2. 您的年龄是：

① ≤19 岁

② 20～29 岁

③ 30～39 岁

④ 40～49 岁

⑤ 50～59 岁

⑥ ≥60 岁

3. 您的学历背景是：

① 高中及以下

② 大学本科

③ 硕士及以上

4. 您的婚姻状况：

① 已婚

② 未婚

③ 其他

5. 您的职业是：

① 学生

② 公司职员

③ 公务员

④ 教师

⑤ 主妇

⑥ 自营者

⑦ 工人

⑧ 医生

⑨ 无业

⑩ 其他

6. 您每月的收入是：

① ≤3 000 元

② 3 000～5 000 元

③ 5 000～7 000 元

④ 7 000～9 000 元

⑤ 9 000～11 000 元

⑥ ＞11 000 元

7. 您平均每天使用电脑或其他移动设备的时间共计是多少：

① 1 小时以内

② 1～2 小时

③ 2～3 小时

④ 3～4 小时

⑤ 4 小时以上

8. 您平时喜欢跟谁一起去参加休闲体育活动：

① 朋友、同事、恋人

② 家人、亲戚

③ 独自一人

④ 其他

9. 您参加休闲体育活动的频率大概为：

① ≥1 次/天

② 1 次/天～3 次/周

③ 3 次/周～1 次/周

④ 1 次/周～1 次/月

⑤ 其他

10. 您平均每次参加休闲体育活动的时间为：

① 0.5 小时以内

② 0.5～1 小时

③ 1～1.5 小时

④ 1.5～2 小时

⑤ 2 小时以上

附录 3 关于全民健身资源数字化共建共享空间的调查问卷

尊敬的女士/先生：

您好！

非常感谢您接受这项调查。本研究以调查全民健身资源数字化服务平台以及共建共享情况为主要内容。本项调查除学术用途外，问卷的内容不用于任何其他目的。您提供的所有内容和个人信息均受到保护。因此，希望您能够真实地回答下面的提问。您提供给我们的所有信息都将被用作有价值的研究资料。再次感谢您的宝贵时间！

说明：

〇在本项调查中，关于全民健身资源数字化服务平台是指为全民健身相关活动提供信息分享与共享服务的网站或移动应用软件。例如：体育场地预订平台、体育赛事门票预订平台、体育赛事直播平台、体育商品交易网站、体育彩票交易平台等等。另外，本研究将 QQ、微信、抖音、短视频等社交平台和地图导航平台等辅助平台也纳入全民健身资源数字化服务平台的概念当中。

〇在以下部分内容中，"全民健身资源数字化服务平台"简称为"服务平台"；"全民健身资源供给方（体育产业公司、政府部门、行业协会等）"简称为"资源机构"。

〇提示：本套问卷共分为三个部分，请在您选中的答案数字上面画"〇"。

一、筛选题

1. 请问您是否已经基本了解了本项调查中所涉及的"全民健身资源数字化服务平台"的概念：

① 非常了解

② 基本了解

③ 仍不太了解（结束调查）

2. 请问您上次使用"全民健身资源数字化服务平台"浏览或分享关于全民健身相关信息的时间是：

① 一个月以前（结束调查）

② 近一个月内

③ 记不清了（结束调查）

二、主体部分

序号	问题	非常不同意	不同意	一般	同意	非常同意
1	当地政府将全民健身与数字技术的融合发展的设想纳入当地的"全民健身发展战略规划"当中。	①	②	③	④	⑤
2	为了促进或引导全民健身数字化共建共享行为，当地政府制定的"全民健身发展规划或实施方案"中，对相关内容进行了全面的任务部署。	①	②	③	④	⑤
3	政府制定的"全民健身发展规划与实施方案"中，关于全民健身资源数字化共建共享的内容得到了很好的执行。	①	②	③	④	⑤
4	总体而言，搭建"全民健身资源数字化服务平台"的方式，有效地促进了当地体育文化氛围的提升。	①	②	③	④	⑤
5	总体而言，当地全民健身资源数字化服务的效果非常好。	①	②	③	④	⑤
6	总体而言，当地居民在"全民健身资源数字化服务平台"中讨论与体育有关的话题，活跃程度非常高。	①	②	③	④	⑤
7	利用"全民健身资源数字化服务平台"组织全民健身产品营销或服务，是当地"资源机构"开展全民健身相关活动的主要手段。	①	②	③	④	⑤
8	当地"资源机构"经常借助"全民健身资源数字化服务平台"进行全民健身产品营销或服务活动。	①	②	③	④	⑤
9	当地居民经常通过"全民健身资源数字化服务平台"了解或购买关于体育的产品或服务。	①	②	③	④	⑤

(续 表)

序号	问题	非常不同意	不同意	一般	同意	非常同意
10	总体而言,在利用新一代信息通信技术(移动通信、大数据、云计算、物联网、5G等)发展全民健身方面,当地的"资源机构"具有非常强的创新性。	①	②	③	④	⑤
11	关于当地的全民健身产品或服务的信息,都能够通过"全民健身资源数字化服务平台"轻松查到。	①	②	③	④	⑤
12	用户只用通过一个"全民健身资源数字化服务平台",就可以通过"直接查询"或"链接查询"的方式,了解当地某一类全民健身产品或服务的基本情况。	①	②	③	④	⑤
13	总体而言,用于查阅当地全民健身产品或服务信息的"全民健身资源数字化服务平台",其设计水平非常高,功能非常全。	①	②	③	④	⑤
14	当地的体育场馆、运动器材等硬件设施的建设标准非常高。	①	②	③	④	⑤
15	当地的体育赛事资源非常丰富。经常举办职业体育赛事活动,并且它们的受关注程度非常高。	①	②	③	④	⑤
16	从规划层面来看,当地的体育场馆、运动器材等硬件设施的区域分布非常合理,能够满足不同区域居民的消费需求。	①	②	③	④	⑤

三、基本信息

1. 您的性别是:

① 男

② 女

2. 您的年龄是:

① ≤19 岁

② 20～29 岁

③ 30～39 岁

④ 40～49 岁

⑤ 50～59 岁

⑥ ≥60 岁

3. 您的学历背景是：

① 高中毕业及以下

② 大学本科

③ 硕士及以上

4. 您的婚姻状况：

① 已婚

② 未婚

③ 其他

5. 您的职业是：

① 公务员

② 体育产业管理者

③ 体育产业服务者

④ 研究人员

6. 您每月的收入是：

① ≤3 000 元

② 3 000～5 000 元

③ 5 000～7 000 元

④ 7 000～9 000 元

⑤ 9 000～11 000 元

⑥ >11 000 元

安若璇,2023,《传递健康理念 展现兰州活力》,《兰州日报》11月24日第4版。

毕红星,2012,《国外发达国家公共体育设施建设布局的先进经验研究》,《内蒙古体育科技》第1期第1-3页。

边静,2023,《全民健身背景下城市社区体育服务体系构建研究》,《当代体育科技》第33期第92-94页。

柴王军,王睿,2023,《中国式现代化体育强国的内涵特征、体系架构、践行原则与推进路径》,《天津体育学院学报》第5期第502-508页。

柴王军,王文渤,师浩轩等,2023,《数字经济驱动体育产业供需适配的内在机理与实现路径》,《上海体育学院学报》第10期第88-98页。

陈佳琦,韩松,2021,《区块链＋全民健身公共服务:应用优势与创新探索》,《西安体育学院学报》第1期第79-86页。

陈华荣,2022,《全民健身公共服务:从要素供给到制度保障》,《成都体育学院学报》第4期第17-20页。

陈姗,田磬,2023,《中国式体育现代化话语体系的内涵要义、历史生成与体系建构》,《武汉体育学院学报》第10期第22-30页。

代志新,程鹏,杨素等,2023,《体育强国建设助推经济高质量发展的基本逻辑与路径选择》,《上海体育学院学报》第11期第35-45＋56页。

邓亚萍,2023,《全民健身塑造城市"活力基因"》,《旗帜》第11期第43-44页。

杜江,2023,《公共体育治理助推中华民族伟大复兴的逻辑理路与优化路径》,《沈阳体育学院学报》第6期第116-122＋129页。

方琳,邹月辉,2024,《数字技术助力全民健身场馆智慧化:价值、现实审视与策略》,《湖北体育科技》第1期第103-107页。

方创琳,2013,《中国城市发展格局优化的科学基础与框架体系》,《经济地理》第12期第1-9页。

冯靖媛,李荣日,2024,《全民健身公共服务智慧化转型升级的逻辑理路、现实样态与践行方略》,《沈阳体育学院学报》第1期第64-70页。

冯俊翔,郑家鲲,2024,《数字技术嵌入全民健身公共服务负效应的形成与消解》,《体育学刊》第1期第29-37页。

付革,2013,《公共体育设施及其建设布局研究》,《吉林体育学院学报》第5期第34-37页。

冯晓东,2023,《食品营养与体育训练的融合效应——评〈食品营养与卫生学(第二版)〉》,《食品安全质量检测学报》第19期第321页。

顾雪兰,沈建华,张颢,2019,《上海市民对公共体育服务满意度的研究》,《体育科研》

第 3 期第 38 - 47 页。

郭良如,田祖国,雷世平,2023,《中国式体育现代化的演进历程、历史经验及推进路径》,《体育文化导刊》第 11 期第 20 - 29 页。

郭志斌,郑磊,周伟等,2023,《我国公共体育资源配置效率影响条件组态与路径研究》,《武汉体育学院学报》第 11 期第 50 - 57 页。

韩春民,2013,《大学科技园与区域经济的技术融合机理研究》,《技术经济与管理研究》第 10 期第 24 - 28 页。

黄海燕,胡佳澍,任波等,2023,《新时代体育强国建设的内涵、任务与路径》,《上海体育学院学报》第 11 期第 1 - 16 ＋ 34 页。

贾迅良,田佳佳,2024,《政策工具视角下我国〈全民健身实施计划〉文本内容的量化分析》,《哈尔滨体育学院学报》第 1 期第 43 - 50 页。

康健,陈晓峰,2023,《从议程发起到协调治理:复杂政策视角下上海市老年体育政策网络分析》,《上海体育学院学报》第 12 期第 72 - 82 页。

孔维都,2023,《残疾人公共体育服务的行政公益诉讼保障》,《武汉体育学院学报》第 10 期第 38 - 46 页。

黎雅悦,戈大专,牛博等,2022,《广州市休闲旅游资源配置空间分布及其可达性特征》,《热带地理》第 10 期第 1701 - 1712 页。

李冬梅,陈俊涛,2023,《美好生活视域下全民健身公共体育空间的价值、困境与发展路径》,《沈阳体育学院学报》第 6 期第 95 - 101 页。

李辉,杨爱茜,2024,《数字经济驱动河北省体育健身业智慧化发展研究》,《文体用品与科技》第 1 期第 82 - 84 页。

李会琴,任红莉,刘晶晶,2021,《长江经济带游憩资源配置空间分布及影响因素分析》,《国土资源科技管理》第 3 期第 1 - 13 页。

李军,赵亮,段娟娟等,2023,《数字驱动全民健身公共服务平台化治理的理论逻辑与实践走向》,《体育学刊》第 6 期第 49 - 58 页。

李荣日,肖春霞,杨敏,2014,《完善社区全民健身公共服务评价指标体系研究》,《北京体育大学学报》第 7 期第 18 - 22 ＋ 30 页。

李荣日,王志玲,杨敏,2013,《全民健身公共服务组织管理体系研究述评》,《沈阳体育学院学报》第 1 期第 42 - 45 ＋ 49 页。

李荣日,于迪扬,2023,《数字经济驱动体育产业振兴发展:逻辑理路与实现向度》,《天津体育学院学报》第 6 期第 653 - 661 页。

李燕,2016,《京津冀全民健身公共服务协同发展的路径选择》,《武汉体育学院学报》第 9 期第 17 - 21 页。

李东鹏,梁徐静,邓翠莲,2017,《"互联网＋"背景下休闲体育产业发展趋势、动力和创新路径研究》,《广州体育学院学报》第 4 期第 33 - 36 页。

刘兵,郑志强,2023,《中国式现代化进程中我国体育社会组织治理转型与发展》,《体育学研究》第 5 期第 1 - 10 ＋ 19 页。

刘伟,吕嘉怡,张志浩,2023,《论全民健身理念下的叠合空间型综合运动馆设计》,《工业建筑》第 10 期第 1 - 9 页。

刘艳,王占坤,唐闻捷,2024,《我国省域体育场地设施时空演变特征及影响因素分析》,《浙江体育科学》第 1 期第 19 - 27 页。

刘玉,2010,《发达国家体育公共服务均等化政策及启示》,《上海体育学院学报》第 3

期第 1-5 页。

刘志成,2012,《我国城市社区全民健身公共服务体系构建研究》,《体育与科学》第 4 期第 75-80 页。

卢玲,韩松,2024,《新时代全民健身背景下老年人体育参与的影响因素及优化策略》,《四川体育科学》第 1 期第 101-105 页。

卢文云,2018,《改革开放 40 年我国群众体育发展回顾与前瞻》,《上海体育学院学报》第 5 期第 22-29 页。

卢文云,王志华,2022,《多重需求叠加下我国全民健身发展战略思考》,《上海体育学院学报》第 1 期第 10-19 页。

卢文云,张伟国,黄忠明,2023,《主动健康视阈下我国体医融合健康促进体系优化研究》,《天津体育学院学报》第 6 期第 703-711 页。

马德浩,2024,《公共体育服务融入基层网格化管理的意义解析与路径探索》,《沈阳体育学院学报》第 1 期第 9-15+36 页。

马德浩,季浏,2016,《英国、美国、俄罗斯公共体育服务的发展方式》,《体育学刊》第 3 期第 66-72 页。

邱建国,任保平,杜春龙等,2014,《山东省全民健身公共服务体系构建现状与发展策略研究》,《中国体育科技》第 4 期第 136-145 页。

任莉,2023,《全民健身与全民健康深度融合下公共体育服务体系的智慧构建》,《文体用品与科技》第 23 期第 19-21 页。

沈镭,安黎,钟帅,2022,《中国资源环境新格局的稳定性与影响因素分析》,《中南大学学报(社会科学版)》第 3 期第 82-96 页。

时丽珍,黄晓灵,2023,《D&M 和全评价模型下全民健身公共服务平台用户采纳意愿研究》,《山东体育学院学报》第 5 期第 33-42 页。

史琳,何强,222,《我国全民健身公共服务供给:逻辑、困境与纾解》,《体育文化导刊》第 8 期第 43-49 页。

舒宗礼,王健,夏贵霞,2024,《我国体育教育与健康教育融合发展的历程、逻辑与路径》,《武汉体育学院学报》第 1 期第 75-81 页。

宋铁男,来龙,陈庆杰,2022,《基于更高水平全民健身公共服务的城市体育公园空间布局研究》,《西安体育学院学报》第 3 期第 319-324 页。

孙斌栋,王言言,张志强等,2022,《中国城市规模分布的形态和演化与城市增长模式——基于 Zipf 定律与 Gibrat 定律的分析》,《地理科学进展》第 3 期第 361-370 页。

唐大鹏,2017,《推进全民健身,公共服务要跟上》,《人民论坛》第 35 期第 54-55 页。

谭建华,涂建军,杨宏玉等,2010,《四川省城市体系等级规模结构分形研究》,《西南大学学报(自然科学版)》第 10 期第 142-147 页。

汤际澜,徐坚,郭权,2010,《全民健身公共体育服务均等化的模式选择和路径探索》,《南京体育学院学报(社会科学版)》第 5 期第 80-84 页。

王蓓贝,杨本升,曹姗姗,2023,《市体育局:让群众体育走进千家万户》,《济南日报》11 月 9 日第 8 版。

王富百慧,赵玉峰等,2024,《大变迁时代国民体育锻炼行为的"中国实践"——基于年龄、时期、队列的视角》,《上海体育大学学报》第 1 期第 26-35 页。

王国庆,张倩倩,林建君,2024,《共同富裕示范区体育公园区域布局现状及发展路径研究》,《浙江体育科学》第 1 期第 28 - 36 页。

王海江,苏景轩,李欣欣等,2020,《旅游线路的空间集聚与我国旅游地理分区方案》,《经济地理》第 9 期第 213 - 221 页。

王虎峰,郭胜鹏,2024,《全民健康覆盖视域下健康中国行动政策演进分析》,《卫生经济研究》第 1 期第 41 - 44 页。

王伶鑫,2023,《加快培育体育消费新增长点研究》,《上海城市管理》第 6 期第 69 - 77 页。

王先亮,周铭扬,赵延军,2022,《更高水平全民健身公共服务体系构建中基层体育社团的下沉治理》,《沈阳体育学院学报》第 6 期第 1 - 6+20 页。

王向娜,2023,《竞技体育和群众体育"两翼齐飞"助推体育强国建设》,《旗帜》第 11 期第 45 - 46 页。

王学彬,李刚,2023,《上海市全民健身数字化转型实践经验与启示》,《体育文化导刊》第 11 期第 52 - 59 页。

王学彬,郑家鲲,2019,《新中国成立 70 周年我国群众体育发展:成就、经验、问题与展望》,《体育科学》第 9 期第 31 - 40+88 页。

王燕海,2024,《全民健身背景下建设农村体育社会组织的必要性》,《文体用品与科技》第 1 期第 4 - 6 页。

王颖,张凤彪,2024,《数智赋能全民健身高质量发展研究》,《体育文化导刊》第 1 期第 35 - 41 页。

王禹,张凤彪,闵航等,2023,《我国省际群众体育与竞技体育协调发展的时空特征及驱动因素研究》,《体育学研究》第 5 期第 89 - 105 页。

王占坤,2017,《发达国家公共体育服务体系建设经验及对我国的启示》,《体育科学》第 5 期第 32 - 47 页。

王振波,方创琳,胡瑞山,2015,《中国城市规模体系及其空间格局 Zipf - PLE 模型的评价》,《地球信息科学学报》第 6 期第 682 - 688 页。

王志文,沈克印,2017,《我国全民健身公共服务的整体性治理研究》,《沈阳体育学院学报》第 4 期第 19 - 24 页。

汪亦佳,吴建泽,邹新娴,2023,《温州市百姓健身房建设的现实审视与发展方向》,《河北体育学院学报》第 6 期第 44 - 49 页。

温悦,罗亮,孙晋海,2023,《更高水平全民健身赛事活动体系构建及推进路径》,《体育文化导刊》第 11 期第 44 - 51 页。

韦峭,2023,《加快体育强市建设办好人民满意的体育》,《南宁日报》11 月 6 日第 8 版。

魏伟,章阳,洪梦谣等,2024,《建成环境对户外空间健身活力的影响及其异质性——以武汉市主城区为例》,《地理科学进展》第 1 期第 93 - 109 页。

夏元庆,2016,《融合与创新:"互联网＋"背景下的体育产业生态趋势》,《南京体育学院学报((社会科学版)》第 3 期第 68 - 72 页。

肖坤鹏,刘长江,2024,《新发展阶段我国县域全民健身公共服务协同治理的特点、难点与路径》,《沈阳体育学院学报》第 1 期第 23 - 29 页。

谢漾,洪正,2022,《金融集聚的地理结构及演进规律:虹吸还是辐射——基于城市群的研究视角》,《山西财经大学学报》第 11 期第 28 - 38 页。

许千里,曹可强等,2023,《城市公共体育设施与人口分布的空间均衡性测度——基于上海市"社区 15 分钟健身圈"的实证研究》,《武汉体育学院学报》第 12 期第 22 -

29 页。

许诺,2023,《争创"全国模范",青岛求解全民健身"三问"》,《青岛日报》11 月 28 日第 3 版。

薛龙慧,2023,《全民健身公共服务体系建设的优化探索》,《文体用品与科技》第 23 期第 13 - 15 页。

闫静,徐诗枧,温雨竹,2023,《共同富裕视角下构建更高水平全民健身公共服务体系的内涵阐释、现实挑战与路径推进》,《体育学刊》第 6 期第 31 - 39 页。

杨斌,李欣,沈秀芳等,2024,《体育赋能共同富裕的机理、困境与路径选择》,《沈阳体育学院学报》第 1 期第 57 - 63 页。

杨强,农叶弯,焦敏等,2022,《昆明市休闲旅游资源配置空间分布特征及成因分析》,《云南师范大学学报(自然科学版)》第 5 期第 68 - 74 页。

杨文明,2023,《让体育更好融入生活》,《人民日报》12 月 14 日第 15 版。

杨文正,熊才平,丁继红等,2014,《教育信息资源质量满意度影响因素及机制研究——基于 296 份中学教师调查问卷的结构方程模型分析》,《中国电化教育》第 5 期第 104 - 112 页。

杨向军,郭修金,李军,2024,《我国城乡体育融合发展历程、特征及进路》,《体育文化导刊》第 1 期第 8 - 14 页。

姚依依,2023,《建好身边"健身圈" 扩大居民"幸福圈"》,《新华日报》11 月 21 日第 5 版。

尹鹏,张荣天,2021,《中国三大城市群优质公共服务资源的空间分布特征及影响因素》,《青岛科技大学学报(社会科学版)》第 3 期第 9 - 17 页。

余诗平,张瑞林,2023,《体育社会组织发展的中国式现代化路径》,《上海体育学院学报》第 11 期第 28 - 34 页。

于文谦,朱焱,2019,《基于 DEA - Tobit 模型的我国体育场地资源配置效率研究》,《体育学刊》第 1 期第 68 - 74 页。

岳建军,龚俊丽,徐锦星,2022,《全民健身共建共治共享格局何以形成——基于网络化治理视角的实证分析》,《中国体育科技》第 9 期第 15 - 22 页。

张成胜,2024,《新时代我国民族传统体育文化的时代价值、现实挑战与行动路径研究》,《武术研究》第 1 期第 14 - 17 页。

张大超,单凤霞,查金等,2023,《健康中国视域下基本公共体育服务标准化的逻辑起点、现实基点与方向重点》,《天津体育学院学报》第 5 期第 509 - 518 页。

查金,翟依丰,张大超,2024,《智慧社区体育中心韧性治理的逻辑进路、现实审视与纾解路径》,《武汉体育学院学报》第 1 期第 22 - 29 页。

张广海,袁洪英,段若曦等,2022,《中国高等级旅游景区资源多尺度时空差异及其影响因素》,《自然资源学报》第 10 期第 2672 - 2687 页。

张宏,陈华,王菁,2020,《广东省全民健身公共服务标准的研制》,《体育学刊》第 2 期第 50 - 55 页。

张慧丽,张小林,2024,《体育赋能长征国家文化公园的红色文化资源开发研究》,《四川旅游学院学报》第 1 期第 45 - 48 页。

张兰兰,吴启明,申朝永,2021,《地理空间要素与贫困分布的关系研究——以赫章县为例》,《测绘通报》第 12 期第 120 - 123＋129 页。

张林宝,2018,《完善公共服务体系实现全民健身》,《人民论坛》第 18 期第 64 - 65 页。

张楠,苏珍珍,2023,《体育强国背景下高校体育文化及其建设》,《中国高校科技》第 10 期第 100 - 101 页。

张学兵,章碧玉,孟令飞,2022,《社会力量办体育实践经验与启示——以"温州模式"为例》,《体育文化导刊》第 4 期第 47 - 52 页。

张洋源,刘周敏,黄格,2023,《数字经济背景下学校体育场馆发展:内涵、机遇、挑战及发展机理》,《工业建筑》第 S2 期第 67 - 70 页。

张宇,王占坤,2023,《"放管服"改革视角下社会力量参与全民健身公共服务研究——基于"温州经验"的思考》,《体育文化导刊》第 10 期第 42 - 49 页。

张钰苑,2023,《当"草根"成为市运会主角》,《湖州日报》11 月 10 日第 A05 版。

章世梁,2021,《基于服务质量的宁波市全民健身基本公共服务质量评价体系构建与研究》,《广州体育学院学报》第 2 期第 32 - 36 页。

赵达,2024,《我国体育产业数字化转型探析》,《合作经济与科技》第 05 期第 16 - 18 页。

赵富学,2023,《中国式现代化视域下体育助推中华民族伟大复兴的特质考量与理路探索》,《天津体育学院学报》第 5 期第 577 - 584 页。

赵述强,刘卫军,高跃等,2022,《共建共治共享理念下推进我国城市社区体育微治理研究》,《体育科学》第 9 期第 17 - 25 页。

郑家鲲,2021,《"十四五"时期构建更高水平全民健身公共服务体系:机遇、挑战、任务与对策》,《体育科学》第 7 期第 3 - 12 页。

钟亚平,吴彰忠,陈佩杰,2024,《数字体育学的构建基础、基本定位与体系设想》,《上海体育学院学报》第 1 期第 72 - 81 页。

周彪,王华燕,陈元欣,2023,《乡村振兴进程中农村公共体育设施发展现状及提升策略》,《体育文化导刊》第 11 期第 1 - 6＋51 页。

朱焱,刘军,2021,《中国公共体育资源区域协调发展的空间网络效应与演进特征研究》,《山东体育学院学报》第 1 期第 1 - 11 页。

朱焱,张佃波,李洋,2022,《中国公共体育资源区域协调发展评价与路径选择研究》,《广州体育学院学报》第 1 期第 43 - 51 页。

Alexander Kaufmann, Franz Tödtling. 2001. "Science-industry interaction in the process of innovation: The importance of boundary-crossing between systems." *Research Policy*, 30(5):791 - 804.

Barrutia J. M., Gilsanz A. 2009. "E-service quality: Overview and research agenda." *International Journal of Quality and Service Sciences*, 1(1):29 - 50.

Behrooz S., Marsh, Stephen. 2016. "A trust-based framework for information sharing between mobile health care applications." *IFIP Advances in Information and Communication Technology*, 473:79 - 95.

Beynon-Daviesaul. 2009. "Significant threads: The nature of data." *International Journal of Information Management*, 29(3):170 - 188.

Boyd D. M., Ellison N. B. 2007. "Social network sites: Definition, history, and scholarship." *Journal of Computer-Mediated Communication*, 13(1):210 - 230.

Coulter N., Monarch I., & Konda S. 1998. "Software engineering as seen through its research literature: A study in co-word analysis." *Journal of the American Society for Information Science*, 49(13):1206 - 1223.

Dames M., Robson D., Smith M., et al. 2007. "Innovation 2.0: Redefining boundaries between producers and consumers." *Journal of the Institute of Telecommunications Professionals*, 1(2):41–49.

Leiper N. 1979. "The framework of tourism: Towards a definition of tourism, tourist, and the tourist industry." *Annals of Tourism Research*, 6(4):390–407.

Fassnacht M., Koese I. 2006. "Quality of electronic services: Conceptualizing and testing a hierarchical model." *Journal of Service Research*, 9(1):19–37.

Fei-Yue Wang, Lansing J. S. 2004. "From artificial life to artificial societies—new methods for studies of complex social systems." *Complex Systems and Complexity Science*, 1(1):33–41.

Felson M., Spaeth J. L. 1978. "Community structureand and collaborative consumption: A routine activity approach." *American behavioral scientist*, 21(4): 614–619.

Fikri D., Sammeer K., Sharfuddin Ahmed K., et al. 2016. "Designing an integrated AHP based decision support system for supplier selection in automotive industry." *Expert Systems with Applications*, 62:273–283.

Gangadharbatla, H. 2007. "Facebook me: Collective self-esteem, need to belong and internet self-efficacy as predictors of the i Generation's attitude toward social networking sites." *Journal of Interactive Advertising*, 8(2):1–28.

Giesen K., Sudekumy J. 2011. "Zipf's law for cities in the regions and the country." *Journal of economic geography*, 11(4):667–686.

Hope, V. Megan A M. 2012. "Fitness on facebook: Advertisements generated in response to profile content." *Cyber Psychology, Behavior and Social Networking*, 15 (10):564–568.

Houlihan B. 1997. "Sport policy and Politics: A Comparative Analysis." *Routledge*, 31(6):1030–1036.

Jacobson V., Braynard R. L., Diebert T., et al. 2012. "Custodian-based information sharing." *IEEE Communications Magazine*, 50(7):38–43.

Kenneth E. B. 1956. "General systems theory—the skeleton of science." *Management Science*, 2(3):197–208.

Kim N. J., Park J. K. 2015. "Sports analytics & risk monitoring based on hana platform: Sports related big data & IoT trends by using HANA In-memory platform." *International SoC Design Conference: SoC for Internet of Everything (IoE)*:221–222.

Kim, Young jun et al. 2016. "Customers' Intention to Use Sport O2O Services: Application of Extended Technology Acceptance Model." *Pressure regulator coolant treatment*, 1:140–140.

Kosyakova I. V., et al. 2018. "Prospects for the integration of environmental innovation management on the platform of information and communication technologies." *Advances in Intelligent Systems and Computing*, 908:345–355.

Laurell C., Sandström C. 2016. "Analysing uber in social media-disruptive technology or institutional disruption." *International Journal of Innovation*

Management, 20(5):1 - 19.

Lee, J. H., Kim, T. J., & Jo, G. M. 2018. "Predicting the Intention to Adopt Sports O2O Services Using an Extended Theory of Planned Behavior."*Journal of Physical Education*, 2:281 - 297.

Liao K., Ma Z., Lee J J., et al. 2011. "Achieving mass customization through trust-driven information sharing: a supplier's perspective." *Management Research Review*, 34(5):541 - 552.

Marshall Alfred. 1890."Principles of Economics."*London: Macmillan*.

Mary A. H., Carol A. B., Gullion L. 1999. "The ethical issues confronting managers in the sport industry." *Journal of Business Ethics*, 20(1):51 - 66.

Mayfield R. 2005. "Social network dynamics and participatory politics." *In J. Lebkowsky and M. Ratcliffe (Eds.), Extreme Democracy*:116 - 132.

Meek A. 1997."An Estimate of the Size and Supported Economic Activity of the Sports Industry in the United States." *Sport Marketing Quarterly*, 6(4):15 - 21.

Meuter M. L., Ostrom A. L., Roundtree R. I., et al. 2000. "Self-service technologies: Understanding customer satisfaction with technology-based service encounters." *Journal of Marketing*, 64(3):50 - 64.

Mine, T., Mise S., Nakamura H., et al. 2019. "ItoCamLife: A Platform of Sharing and Recommending Information Considering User Contexts to Facilitate Smart Mobility." Proceedings - 2018 7th International Congress on Advanced Applied Informatics(Yonago): 109 - 114.

Ertz M., Durif F., Arcand M., et al. 2016."Collaborative consumption or the rise of the two-sided consumer." *International Journal of Business and Management*, 4(6):195 - 209.

Otte E., Rousseau R. 2002."Social network analysis: A powerful strategy, also for the information sciences." *Journal of Information Science*, 28 (6):441 - 453.

Peng Hongzhi, Yang Lingbin, Deng Meirong, et al. 2008. "Study on GIS-based Sport-Games Information System." Proceedings of SPIE-The International Society for Optical Engineering, (5), Proc. SPIE 7144.

Peter Checkland. 1981. "Systems Thinking, Systems Practice". *Hoboken, New Jersey: Wiley*:45 - 75.

Shang W., Ha A. Y., Tong S. 2016."Information sharing in a supply chain with a common retailer." *Management Science Journal of the Institute for Operations Research & the Management Sciences*, 62(1):245 - 263.

Soh C., Mah Q. Y., Gan F. J., et al. 1997."The use of the Internet for business: The experience of early adopters in Singapore." *Internet Research*, 7 (3): 217 - 228.

Sultan N. 2013."Knowledge management in the age of cloud computing and web 2.0: Experiencing the power of disruptive innovations." *IEEE Engineering Management Review*, 41(4):98 - 108.

Theodore A. V., Kathleen M. G., Maciej D. 2013. "Twitter classification model: the ABC of two million fitness tweets." *Translational Behavioral Medicine*, 03:

304 – 311.

Wang Y., Yu Q., Fesenmaier D. R. 2002. "Defining the virtual tourist community: Implications for tourism marketing." *Tourism Management*, 23(4):407 – 417.

Wellman B., Salaff J., Dimitrova D., et al. 1996. "Computer networks as social networks: Collaborative work, telework, and virtual community." *Annual Review of Sociology*, 22(4):213 – 238.

Zipf G. K. 1949. *Human behavior and the principle of least effort*. Cambridge, MA: Addison Wesley.

索 引

保障措施　80

产业创新　80

产业集群　4

城市规划　35

大数据　40

发展战略　79

工业 4.0　43

公共服务　1

共享平台　57

互联网＋　79

开发设计　80

可穿戴设备　80

模拟仿真　80

内涵特征　80

全民健身　1

社交网络　27

社区　2

生态系统　80

体育产业　4

体育场馆　4

体育机构　79

体育培训　72

体育赛事　4

体育设施　1

物联网　41

新媒体　75

信息共享　62

休闲体育　61

云计算　41

运动项目　19

战略规划　4

指标体系　80

智慧体育　41

智慧运动场　149

智能化　60

智能设备　45

资源　1

资源共享　60